文芸社セレクション

法《のり》を越えてゆく

石綿 美代子

ISHIWATA Miyoko

文芸社

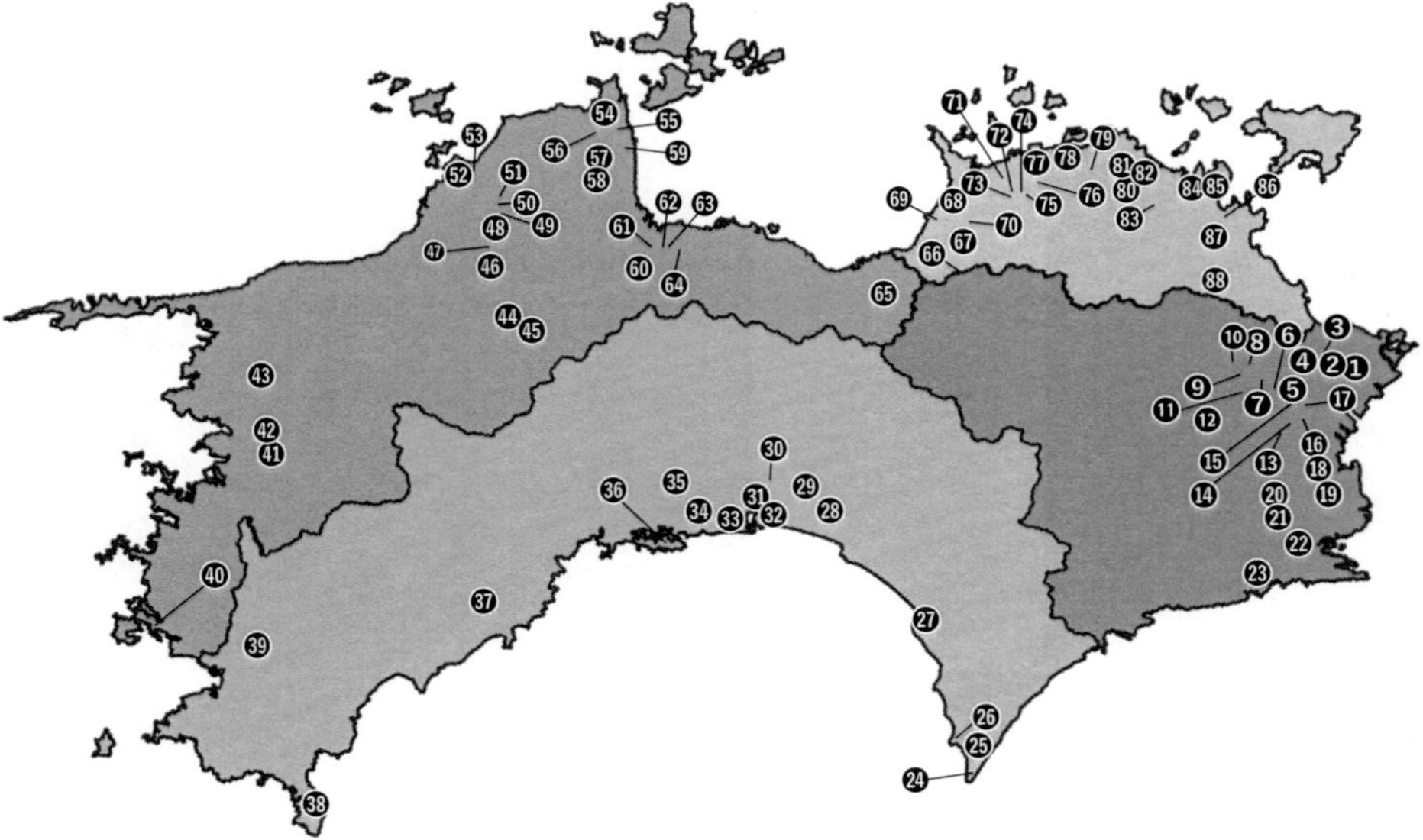
1
2
3
4
5
6
7
8
9
10
11
12
13
14
15
16
17
18
19
20
21
22
23
24
25
26
27
28
29
30
31
32
33
34
35
36
37
38
39
40
41
42
43
44
45
46
47
48
49
50
51
52
53
54
55
56
57
58
59
60
61
62
63
64
65
66
67
68
69
70
71
72
73
74
75
76
77
78
79
80
81
82
83
84
85
86
87
88

発心の道場（阿波国　徳島県）

①	霊山寺（一乗院）
②	極楽寺（無量寿院）
③	金泉寺（釈迦院）
④	大日寺（遍照院）
⑤	地蔵寺（荘厳院）
⑥	安楽寺（瑠璃光院）
⑦	十楽寺（蓮華院）
⑧	熊谷寺（真光院）
⑨	法輪寺（菩提院）
⑩	切幡寺（灌頂院）
⑪	藤井寺
⑫	焼山寺（性寿院）
⑬	大日寺（花蔵院）
⑭	常楽寺（延命院）
⑮	国分寺（金色院）
⑯	観音寺（千手院）
⑰	井戸寺（真福院）
⑱	恩山寺（宝樹院）
⑲	立江寺（摩尼院）
⑳	鶴林寺（宝珠院）
㉑	太龍寺（常住院）
㉒	平等寺（医王院）
㉓	薬王寺（無量寿院）

修行の道場（土佐国　高知県）

㉔	最御崎寺（明星院）
㉕	津照寺（真言院）
㉖	金剛頂寺（光明院）
㉗	神峯寺（地蔵院）
㉘	大日寺（高照院）
㉙	国分寺（宝蔵院）
㉚	善楽寺（東明院）
㉚	奥の院安楽寺
㉛	竹林寺（金色院）
㉜	禅師峰寺（求聞持院）
㉝	雪蹊寺
㉞	種間寺（朱雀院）
㉟	清滝寺（鏡池院）
㊱	青龍寺（伊舎那院）
㊲	岩本寺（五智院）
㊳	金剛福寺（補陀洛院）
㊴	延光寺（寺山院）

菩提の道場（伊予国　愛媛県）

㊵	観自在寺（薬師院）
㊶	龍光寺（護国院）
㊷	仏木寺（毘盧舎那院）
㊸	明石寺（円手院）
㊹	大宝寺（大覚院）
㊺	岩屋寺
㊻	浄瑠璃寺（養珠院）
㊼	八坂寺（妙見院）
㊽	西林寺（安養院）
㊾	浄土寺（三蔵院）
㊿	繁多寺（瑠璃光院）
51	石手寺（虚空蔵院）
52	太山寺（護持院）
53	円明寺（正智院）
54	延命寺（宝鐘院）
55	南光坊（金剛院）
56	泰山寺（勅王院）
57	栄福寺（無量寿院）
58	仙遊寺（千光院）
59	国分寺（最勝院）
60	横峰寺（福智院）
61	香園寺（教王院）
62	宝寿寺（観音院）
63	吉祥寺（胎蔵院）
64	前神寺（金色院）
65	三角寺（慈尊院）

涅槃の道場（讃岐国　香川県）

66	雲辺寺（千手院）
67	大興寺（不動光院）
68	神恵院
69	観音寺
70	本山寺（持宝院）
71	弥谷寺（千手院）
72	曼荼羅寺（延命院）
73	出釈迦寺（求聞持院）
74	甲山寺（多宝院）
75	総本山善通寺（誕生院）
76	金倉寺（宝幢院）
77	道隆寺（明王院）
78	郷照寺（広徳院）
79	天皇寺（高照院）
80	国分寺（千手院）
81	白峰寺（洞林院）
82	根香寺（千手院）
83	一宮寺（大宝院）
84	屋島寺（千光院）
85	八栗寺（観自在院）
86	志度寺（清浄光院）
87	長尾寺（観音院）
88	大窪寺（遍照光院）

四国遍路について

一、四国遍路の八十八ヶ寺は六宗でなっている。

真言宗　七十九ヶ寺
天台宗　四ヶ寺
臨済宗　二ヶ寺
曹洞宗　一ヶ寺
真言律宗　一ヶ寺
時宗　一ヶ寺

各寺院十五種類の御本尊からなっている。
○薬師如来　二十四ヶ寺
○十一面観音　十三ヶ寺
○千手観音　十一ヶ寺
○阿弥陀如来　十ヶ寺
○大日如来　六ヶ寺

○地蔵菩薩　六ヶ寺
○釈迦如来　五ヶ寺
○観世音菩薩　五ヶ寺
○不動明王　四ヶ寺
○虚空蔵菩薩　三ヶ寺
○文殊菩薩　一ヶ寺
○大通智勝如来　一ヶ寺
○毘沙門天　一ヶ寺
○馬頭観音　一ヶ寺
○弥勒菩薩　一ヶ寺

三十七番の岩本寺のみ五体の本尊あり。
阿弥陀如来　薬師如来　不動明王　観世音菩薩　地蔵菩薩

二、八十八ヶ寺には本堂と大師堂がある。

遍路開始の挨拶は一番札所霊山寺のみ、先に大師堂から本堂とする。二ヶ寺から後は、先に本堂、次に大師堂へ参詣する。

本堂は本尊へ礼拝祈願の霊所、大師堂は道中修行の経過報告、今後の修行の決意を述べる所である。
昔は願いごとを書いた木の札《ふだ》を寺の建物に打ちこんで歩いたので、納札《おさめふだ》を入れる事を「札《ふだ》を打つ」と言い、お参りが済んだお寺の事を「何ヶ寺打ってきた」と言った。

四国には各国に関所がある。
阿波の国・徳島は発心の道場にて十九番立江寺が関所。
土佐の国・高知は修行の道場にて二十七番神峯寺が関所。
伊予の国・愛媛は菩提の道場にて六十番横峰寺が関所。
讃岐の国・香川は涅槃の道場にて六十六番雲辺寺が関所となっている。

三、四国遍路は、
一、身心を養う為に、札所間の空間を歩いて沿道の住民、行き交う人々とかかわり合い修行をさせて頂く。この道中修行を本来の姿とする。
一、病気、ケガ以外同じところは一泊のみを基本とする。

発刊によせて

「法を越えてゆく」脱稿おめでとうございます。心に感ずるところ多々あり感銘して居ります。
「以れば無量多生の間に受け難は人間の生、曠劫《こうごう》流転《るてん》の中に逢い難きは如来の教えなり。然るに石綿美代子殿は人身の上に遍路形をなし、仏教の中に遍照の法に逢えり、是れ即ち宿福の感ずる所曩因の招く所なり。」
　是申すは仏教聖典「ダンマパダ」に
　　人の身を受けることは難しい、
　　死ぬべきものの生命は難しい、
　　正しい教えを聞くことは難しい、
　　もろもろの仏の現れることも難しい、
　　人の生命のあることも難しい、
だから有り難いのです。
いまこの『法を越えてゆく』と題して、著されたこの書は我々誰しもが味わう人生の道である。
人間は、多くの人々に支えられて生きている。これを粗末にしてはならない。

その間の生命を大事にすると云うより、何かに頑張らねばならないと思う。「生きている」「生きていた」この簡単なことが、大変なことである。私は、無事生きて帰って来たと云うより、「生まれ変わった」と云いたい。生まれ変わって多くの人々の支えに報いる。生まれ変わってこそ遍路行の意義がある。

「生きて居た」だけでは、今までと変わらない。何のための三十有余日間であるか、本書は寒い中を独り歩きの寂しさがありそれゆえ多くの人々の接待を受け人の慈悲をひしひしと感じて来ます。

その内容は、ページを繰るごとに感動して来ます。

今後、四国八十八ヵ所をまた西国三十三ヵ所を巡礼される方々の支えになり得る書と思います。

序文を寄せるに際して、広く読まれることを祈ります。

合　掌

平成九年七月

真言宗大覚寺派　桔梗山　三明院

住職　古梶英明

〝法を越えてゆく〟発刊への賛美

期待していた通りの作品に賛美をおしみなく送ります。〝法を越えてゆく〟の著作が刊行される今、貴方は生きてきた証が出来たのです。私の気持ちの中でいつも人が信じられなくなって、落ち込んで苦悩に沈んでしまっている時、貴方は、私の前に出て真っ直ぐな道を整えてくれました。

本文の中で、大いなるものは決して見捨てないと云う確信が得られた事。絶望の中から生かされている事。その恵みを忘れない人には、大きな御褒美を用意して待っていてくれると云うことも教えられました。スゴイ！　ブラボウ！

これが私のいつわりない感想です。

平成九年十月

同級生　熊沢和子

目次

本書は、平成十年に（株）近代文芸社より刊行され、さらに令和三年に（株）タマプリント
より刊行されたものに加筆・訂正したものです。

お四国八十八ヵ所遍路へ旅立つまでのこと（発心）

きっかけは思いがけないところからであった。

そのいきさつはこうである。一年浪人して希望校に入った三男坊が、孤独を感じたというほど頑張ったというので、「己に勝ったんだね」と私は拍手を送り、家族も喜んだ。

一学期が始まる頃、息子へ夫から急に、

「奨学資金を申し込んでおくと良いぞ」

と言われた。私は「エッ！」と言ってムッとした。

行かせてやると言っておいてまたやられた。

上の子供たちの事を思い出した。五人の子供たちはみんな、父親の希望するように動いても、出資金の件でいつも情けない思いをする。約束の上でやったことでも出し渋るからだ。その都度、私が激怒した。

子供たちは自分より先に母親が憤慨するので、気が済むらしく黙っている。

夫のいないところで息子を犒《ねぎら》いたくて、

「これ以上勉強出来ないよね」

と言った。息子は平然と、

「そんなことないよ。僕、勉強は苦にならない」

勉強が苦になる私は、

「エッ本当?」

息子の顔がキリッとなって、

「それなら僕に当てた学費が浮くね」

「ああそうね」

「そのお金を両親が旅行に行くなり、何なりして楽しむことに使ってもらいたい。それをするなら奨学資金を受けるようにする」

と言った。両親が楽しむためにそのお金を使うのなら、自分の頑張りは続けられると言う息子に親の私は感心したり、罰が当たりそうと思ったりしながらも、早速、夫に、

「二人で旅行に行くとか、四国のお遍路に行くとか」(これは思わず私の口から出た言葉だった)

夫は、

「エッ本当! 四国遍路。前から僕、一度行ってみたいと思っていたんだ」

「バスで?」

「イヤ歩いて」

それはそれは思いもよらぬ喜びように私も嬉しかった。

それから五月、六月、七月、八月、九月、十月と月日は過ぎていくのに動きは出てこない。が、心づもりだけはしておいた。

五月には本を買ってきて『四国八十八ヵ所めぐり』を読んだ。

必要なものも揃え始めていた。

何のために行くのか、願いごとは山ほどあるがここまでこれた事を感謝して『夫が無事定年退職出来たことのお礼参り』と決めて待った。

良い季節になっても一向に動き出さないので、子供が「もう行かないのか」と言い出した。夫に言っても埒が開かない。

私は行きたい、行きたいと思っている「お四国参りに行かなければこの家庭に明日はないんだ」考える事は終わった。

あとは行けば良いだけ「お礼参りをもたついてはいけない」ということになって、「行ける者から行くこと」と母子で共鳴した。

近所の佐々木さんに、

「四国のお遍路に行こうと思っているの」

と話した。

「本当ですか、行くときは知らせて下さい。ア！　一緒に行きたいナァ！」

と強い関心を示された。

私も誘いたい気持ちは充分だったが、お互いの時ではなかった。

そして十月三十日また佐々木さんに会った。

「気をつけて行ってきて下さい。帰ったらお話を聞かせて下さいネ」

とお餞別を渡された。もう後には引けなかった。

こうして準備を進め、十一月三日午後九時五十分の浜松町発徳島行夜行バスの切符を手配してひとまず一人で実行に及んだ。

我が人生遍路　その一

私の父は信仰の篤い両親の元に育った。

十三人兄妹の一番上に生まれた長男だった。

祖父母はよく人を集め、名僧・高僧を招いて講座を持ったと聞いている。

夜のお勤めは家族揃ってお経を唱えた。

もの心ついた時から、一に仏、二にも仏と祖母はいつも『南無阿弥陀仏』を唱えていた。人に悪態をついても『ナマンダブツ』で浄化していた。

私は祖母が大好きだった。

祖父のことは母が嫁いだ時はすでに亡くなっていたので、額に入って飾られている写真の顔で知っていることと、叔父や叔母達の話から伺うことが出来た。

夫の信仰を受け継いだ祖母は家族にしっかりと信仰心を植え込んだ。

そんな家庭で家事に一日追われても、講座が始まると祖母は、

「ここに座っておれ」

と仕事の手を休ませて母をお説教の聞こえる所に呼んで座らせたという。疲れているので、

「居眠りするから」

と言うと、

「眠ってもいいからここに居んない」

といって座らせたという。

だから私は母の胎内からお経とお説教を聞いて、そんな胎教で育ち生まれた。

祖母はよく、私より三ッ上の兄に「雄造よ、宇宙の真理はなァー」と話して聞かせていた。私は一度も言われたことはない。

「あれを着てみよ」

「これを食べるか」

と私が喜ぶことばかりだった。

祖母から一度ひどく叱られたことがある。

お客さんに挨拶をしなかった事で、五歳の頃、

「男の子でも兄ちゃんはちゃんと挨拶をした。女の子が挨拶一つ出来ないとはどうしたことか」

とお客が帰った後も、

「どこに隠れてもつまらん、ばあちゃんは見つけるぞォ」

と隠れている所へ来て、

「こんにちは一つ言えん子はもう好かん、何もしてやらんどナ、良いか！」

と本当に怒っていた。それが初めなり、終わりなりの一度きり。

怒られた後とても温もりを感じて祖母を以前よりも強く思った。

後に私は『真理といえば祖母ちゃん、祖母ちゃんといえば真理』と反射的に出てくるようになった。

それほど祖母が兄に、

「雄造よ、宇宙の真理はなァー」

と言って聞かせていた姿が焼き付いている。

そして気がつくと、自分がいつの間にか宇宙の真理を求めるようになっていた。

戦争が激しくなってから父が出征したので、私たちは母の里に疎開した。

そして大好きな祖母は、叔父や叔母達と共に、私達とは二里ほど離れた田舎に疎開した。それからは母方の祖母に世話になって大きくなった。

こちらの祖母は仏壇の前だけ「ナーマンダブー、ナーマンダブー」

と子供の私が聞いていても空念仏と判る唱え方をしていた。

お仏飯は毎朝きちっとお供えしても、父方の祖母と違って仏法は一度も語ったことはない。それより「林長次郎やら、片岡千恵蔵は好いたらしいのォ」とか、「二葉山は肌が羽二重餅んごたァ、美しいぞォ」と言っていた。

春や秋はいつ誘われてもすぐお弁当が出来るように準備怠りなかった。

だから春はお花見に、秋は紅葉や孫達の運動会を何度でも楽しんでいた。

私も大方連れて行ってもらった。

日用の糧を贅沢でなくても孫達のために、春夏秋冬、朝昼晩を責任持ってくれた。

そして食事は時間厳守だった。

お汁を一番美味しい温度にして注ぐため、前もって「お膳に直れ！」と呼ぶ。

一人でも欠けていると「まだかー、はよ座らんかナー、もう揃ったか」とやかましかった。

強い自尊心を持って作っていたから、料理の温度にも頂く方と注ぐ方の間にとても拘わった。

温かいものは熱いうちに、冷たいものは冷えているうちにと、温度が味を大きく左右するとうるさく言った。

そして朝夕二回のお掃除を私に仕込んだ。

霊山寺着　遍路の始まり

十一月四日　月曜日（一日目）
朝八時過ぎに徳島入りして、ＪＲ徳島駅下車。高徳線に乗り、坂東駅で下車。

ここからスタート

一番札所霊山寺へは歩いて十分ほどの距離。ぶらぶら歩いて九時に着いた。

まず必要なものを揃えて売店で身支度をする。出ようとするとお店の方から、

「お大師さまをどのように感じておられますか」

と問われた。

私は、

「宇宙に溶け込んでいるというか、漠というか何でも受け入れてもらえる大自然を感じています」

と答える。

「それを体得されると良いですね、どうぞまた元気に結願してここに帰って来て下さい。私が待っていますから、必ず聞かせて下さいね」

と宿題のように言われる。

「ハイ判りました」

と約束をした。

本堂と大師堂とお不動様にお参りしてから、二番札所へいよいよ出発。

（晴ぁーれた空ぁ、そぉーよぐ風ぇー）とつい歌ってしまうような快晴の中を一番から二番札所へ。

門前にリヤカーで店を出していたおばあさんから早速ジュースのお接待を享ける。

三番・四番・五番と田園風景や町中を通るので、まだ厳しさを感じるものがなく、手拭いで髪を結えてお杖にお袈裟、さんや袋、笈摺《おいずる》、菅笠、手甲と脚半を身に付けると、もう私という青年は胸に大志を抱き、仏の世界に近づきたいばかり、

『行く手に何があろうと夢に向かって真っしぐら』

という気分になる。暫くは肩で風切って歩いた。

四番札所大日寺の近くに猪を飼っていた。珍しいので暫くながめた。

お寺では以前隣に住んでいた懐かしい菊池百合子さんに会ったと思い、振り返り、振り返りもう少しで親しく声を掛けそうになるほど良く似ていた。

この方は相当に身体を弱らせていると聞いていたので、もしやと思ってヒヤッとした。

私は、仏様にその方が、

『ご存命ならお守り下さい、既にご他界ならばご冥福を』

と祈った。

結願してお礼参りの時でも、この辺りで前に会った方と同じであったかどうかは分からないけれど、やはりよく似た方に会った。ただどちらもお元気そうな方だった。それで帰

宅後、恐る恐る親しい方に尋ねてみると、

「あの方もう大丈夫よ、元気になったのよ、電話を掛けてあげて」

と聞かされて、私は只『南無大師遍照金剛』と唱えた。

一泊目は六番の安楽寺の宿坊にしている。それはお寺の名前とご詠歌が好きだから出る前から決めていた。そのご詠歌は、法然上人の浄土宗の中にある「一枚起請文」に似ている。

『仮の世に知行争うむやくなり　安楽国の守護をのぞめよ』

夕食を済ませてから行われた勤行は、お説教が有り難くて涙が止まらなかった。

『無理をせぬように』との内容で、慰められたような温かいお話だった。

今日は十・八キロメートル歩けた。

十一月五日　火曜日（二日目）

昨日は着いたのが遅くなってお参りが出来なかったので、朝お参りを済ませて七番へ向かう。

十楽寺、熊谷寺へと進んだ。

法輪寺の茶店にて

意気揚々と田園風景の中を楽しく歩いて九番札所の法輪寺に着く。

お参りを済ませ納経所から出てきた私を茶店の方が呼び止める。

「お茶飲んでいき、おいもも食べて草餅もどうぞ」

と前からの知り合いのような気分になって遠慮なく座り、自然に手が出てご馳走になる。

横に居たおじいさんが席をずらして下さり、私に、

「毎日ここに来てお遍路さんを見ている。一人で気楽に来ている人も居るし、人によっては何人も背負って来ているなあと人数まで解る人も居る。あんたはしっかり背負って来ているなあ」

と言われた。

そして八十八ヵ所一周するつもりかと問われて、

「十三番まで行ければ良いと思うし、十三番までは行きたいと考えているのですが」

と答える。

「そう、あんたは全部周る。八十八番まで行くよ」

「本当ですか、私は八十八番まで周れるのですか」

涙がとめどなく溢れて、只々有り難い。

「ついて来た仏がとても喜んでいるわ、これまでは先祖の徳で来た。これからのあんたはこの八十八ヵ所を周るかどうかに関わっている。あんたは周ってくる」

と言われて、有り難い涙に泣きじゃくるほどだった。

おじいさんは、

「わしのような者の言うことを真面目に聞いてくれるんやなァ」

と言って大切な事をいろいろ教えて下さる。

たくさんご馳走になり、身も心も充実させて頂く。

「法を越えてゆく」の初版を、この修験者の方へも送らせて頂いた。すると、電話が掛かって来て、

「これまでは己れを灯として来たと書いてあるでしょう。これからは法を灯として生きていくように――」

と、次の人生への姿勢を示唆《しさ》下さった。

私はこの嬉しい道しるべを深く感謝した。

お礼を述べて十番札所の切幡寺へ向かう。トントン拍子で歩かせて頂く。

今日の宿泊の予約をしていた坂本旅館へは着いたのが早すぎたので、申し訳なかったけれど、取り消しのお願いをした。「ええヨええヨ」と言ってもらえたので有り難かった。

途中で一休みしている時に柿を頂いたり、道を尋ねてはジュースを頂くなど、尋ねる度

にお接待を受けた。お陰で私は人心地に温められた。

暫く歩いて行くと寒くなってきて、お腹も空いてきた。

ちょうど『うどん亭八幡』の看板が見えた。このような格好で食堂に入っても良いのかなぁと思いながらも（おうどんを食べよう）と中に入る。

身体も温まり、お腹も一杯になると動きたくなくなった。

宿泊できると知ったのでここに泊まることにした。

部屋に入り落ち着いてから納経帳を開いて見ると、なんと七番札所十楽寺では納経帳に記入していなかった。

宿のご主人に話すと、明朝団体さんが発った後、奥さんが七番まで往復して運んで下さると言う。有り難く感謝してお願いした。本当に助かった。

ご主人が、

「これからはお大師さんが助けてくれるよ」

と嬉しいことを聞かせて下さった。合掌。

綿貫素子さんとの出会い

十一月六日　水曜日（三日目）
十一番札所藤井寺へもまた晴天で、遍路日和の中をお陰様で歩けた。

途中、長い橋をずいぶん歩いた。その吉野川にかかる川島橋の上から下を覗くと吸い込まれるような気分になり、不思議な思いだった。

川を渡ってＪＲ阿波川島駅を過ぎ、暫く行って出会ったおばあさんに道を尋ねた。これから藤井寺に行くという人が通りかかり、ご一緒して下さった。この方からもいろいろと教えて頂いた。

ふじや旅館に着いて早速お風呂に入る。一番風呂だった。

ゆっくり入って上がったところへ一人の方が入って来られた。

この方はこれから先、十一月三十日まで会ったり、離れたりしてお世話になった大変に深いご縁を頂く、綿貫素子さんである。

夜中の出来事

真夜中に顎が張って来た。お四国に出掛ける前、唾液腺閉塞と診断されていたが、それはもう良くなっていた筈、だが、また同じように顔が張って来た。

胸も締め付けられて息苦しくなった。

ここまでが私の限界かと思い、元気で来たつもりがこれ以上は無理という事かと諦めかかった。

お風呂でお目に掛かった隣部屋の女性のお手洗いに行く音が聞こえた。

（やはり眠れないのかなァ）と思った。

なかなか出てこない。しばらくして出ても、またすぐに行くので、今日は夕方から冷えてきたからお腹でもこわしたかなァと気になりながらも、自分も何とも言えない嫌な気分なので（もしかしてこれから登るお山は険しいと聞く。お大師様に覚悟のほどを問われているのではないか）と思った。

心を静めて迷いのないところを決めた。

私は若いころから、五十代に憧れていた。今、満で五十九歳、憧れの五十代を充分に生きた。ここお四国を死に場所に出来るならば本望であると。

それからまもなく気分は楽になって眠りに入った。

四時半頃、起床してこれまで通りに身支度を始めた。

隣室の方と食事の前に挨拶を交わして、少し話し合った。

四十代前半の方で、

「主人の両親と同居する事になるやも知れないので、その前に自分の器量を育てるつもりで来たの」

と聞かされた。

「立派なお考えですね。そんなお考えなら大丈夫だわ」

とその気概に感心した。

「夜中にお腹がおかしくなってね、どうなることやらと思ったんだけど、大丈夫みたい」

との事でホッとした。

「私も胸がキュウと痛くなってリンパ腺が張ってきて、ここで止めないとだめかと思ったんだけど今は何でもないの」

綿貫さんは、

「お遍路さんに来て病気になったり、死んだりしちゃ馬鹿みたいですヨネ」

と言った。

私は、

「そんなこと無いワ、どこでどんな死に方するか、運命って解らないもの、お大師様に死に場所を決めてもらえれば私は本望ですよ」

と言った。

綿貫さんも、

「そうね、本当にどこでどんな死に方をするか解らないものネ」

と、ここで二人の言葉はお大師様に聞かれてしまったのだ。

後に、何処でそれを試されるかなど、思ってもみなかった。

焼山寺を登る

十一月七日　木曜日（四日目）

朝、前日の夕食時に隣同士になった御夫妻と四人で朝食を頂く。

御夫妻は車に誘って下さったけれどもお気持ちだけ頂いた。

綿貫さんと二人で宿の方にお弁当を頼む。

藤井寺で出発前の写真を撮り合って焼山寺へ出立。二人でただ、黙々と登る。

途中、暑いので軽快なものに着替えて歩く。

ただひたすら登る。山に慣れている綿貫さんはいろんな草花を見つけては、楽しんで歩いていた。

綿貫さんにお願いして、私は後について登るので安心して歩いた。

彼女も始めのうち、お花を見つけては、

「可愛いワネ、お花を見つけるとホォッとするワ」

等と言いながら登山を楽しむ感じだった。


『なでしこに　迎えられたる　へんろ道』

『へんろ道　あざみ草にも　見送られ』

などと、私は五七五を読む。

『何故に行く　一人遍路を　藤井寺』

秋の藤井寺は何となく寂しいお寺だった。
焼山寺では一度、道に迷って木こりの方に教わり助かった。

『落ち葉踏み　一歩一歩と　焼山寺』

だんだんに何も考えず、ただ足を前に出すだけ、一歩また一歩足が前に出にくくなる頃、気持ちは逆に、微かではあるが私の求めている宝が焼山寺にあると感じ始めた。それは何ともいえない歓びとして確かであった。
「何時まで焼山寺に着きたいワ、また下りる時間も考えておかないと日暮れの山は危険だから明るいうちに山を下りたい」と何度も「少し急いでね」と言われた。
私はだんだん足が遅くなって綿貫さんについて行けなくなった。
ところが綿貫さんは、

「いよいよ本調子だワ」

と言った。その言葉にびっくりして、私を気にしないで先に行って頂こうかなと思い出した。足がもつれ出してから、綿貫さんが、

「石綿さんの荷物私が持ってあげるから無理しないでマイペースで来て、一足先に行くから捻挫だけは気をつけてね」

と軽々と荷なって行かれた。申し訳ないと思いながら甘えさせて頂く。

曲がる山道を私の分まで背負って先を行く綿貫さんがまさにお大師様に見えて、後ろ姿に合掌。


『秋深し　変化大師や　焼山寺』


姿が見えなくなって一人になっても、綿貫さんの優しい鈴の音がかすかに聞こえて、一人じゃないんだと実感した。

（お大師様、綿貫さんは先を急いでいます。でも私が気になって進みにくいようです。予定通り進めて下さい）と祈った。

しばらく登って行くと、急に右手に階段が現われた。

その上を見上げた。大きなお大師様が私を見下ろしている。

銅像があった。ワァーと一気に登って「オタイシサマァー」と抱きつきたい思いになる。

綿貫さんが待っていて下さった。

「先に行って下さい。気にしないで良いから」

と言ったところ、強い口調で、

「そうはいかないワヨ、私はね、石綿さんに昨日お風呂で会った時から、アッ、この人を送って行くんだナと思ったのヨ。そんな言い方しては悪いけどサ、石綿さんを連れて行く事が私の役だと思っているの、自分の速さで行くけれど、先で待っているから」

と力強い言葉に深く感謝し、又気を入れ直して歩き出す。

あらァと思う所に出て来た。お寺らしい様子になってきて着いたのではないだろうかとにんまりした。

やっぱり着いたのだ。嬉しいー。ワァー、着いたんだねぇ！

ウソみたい……。

今思うと綿貫さんに充電されたお陰で登れた十二・三キロだった。

不思議なくらい背負った荷の重さを感じなかったと言われた。合掌。

焼山寺から植村旅館まで

焼山寺に着いてからは、ただ嬉しくて歩いて登れたことをそこら中の人に言いふらしたい気分だった。

間もなく青年が一人登って来た。それがとても嬉しくて、自分も着いたばかりなのに急ぎ近づいて犒《ねぎら》った。

持っていたおやつを「ご苦労さん、食べて」と息子にするように渡した。

恐縮する姿が可愛い。

本堂の虚空蔵菩薩とお大師堂にお参りしていると、足の悪いおばあさんがヨチヨチ歩きでやっとおじいさんに助けられながら、お参りしていた。

不思議なことに気の毒とは思わなかった。

ここまで登ってきた自分と、二人でやっと歩いているおばあさんが、同じ幸せに見えた。

険しい山道を一人で登ってこれた私、一歩出すのに助けられているおばあさん。

私の欲している宝が焼山寺にあると信じて登って来た。その宝とはこれ、これだったのだ。

すぐに解ったのではない。何日も経って記録が始まってアァーそうだったのか、と気付かせて頂いた。

感謝になるまで大いなる智慧を実感するのに時間がかかった。

おばあさんと私の同じ幸せ、それはひたすら、仏に向かって一途な事。

そのことだった。

人生は形式ではない、悲願にあるという。私の求めた宝、私の修行。

百千万劫に遭うことができたそんな気がした。

さて、山道が暗くなるからと言って、休憩もそこそこに綿貫さんに誘導され、二人で本堂に深々と頭を下げて山門を出る。

それでも下りなので今度はずいぶん楽になった。

暫く下りた所で、二人に、

「歩いて下りるの、ジュースでも飲んで……」

と御喜捨下さる。

神山町下分鍋岩の辺りで日が暮れて来た。

宿に電話を入れる。

「近くの阿部商店付近で待っていて下さい。車で迎えに行くから」

と言ってもらって私は大喜び。

綿貫さんは歩きで通したかったのに、私のために先達を勧めて下さった事で、それが出来なかったのは申し訳なかった。

宿は玉ヶ峠旧歩道の途中にあった。

優しいおかみさんに宿はとても心なごみ、幸せを噛みしめた。

時を旅する

十一月八日　金曜日（五日目）
前日の慣れない山越えになかなか身体の方は目が醒めない。

昨日宿まで支えてもらった綿貫さんには先に行ってもらって私は九時ごろ出立した。歩き出して間もなく、出会ったおばあさんに、

「ジュースでも飲んで」

と御喜捨頂く。

「有り難うございます」

と拝んで、

「行って参ります」

「気いつけて」

こんなやりとりが何ともいえない。濡れざむい朝を温めてもらった。

途中雨が降り出したので雨具を着る。

お昼ごろ、使い捨てカメラとういろうの出来立てを求めた。

店の方はういろうを、

「お接待させてもらいます」

と言ってお代を取らなかった。

あまり美味しかったので、「送ってもらえますか」と尋ねた。

出来立てでないと味が落ちるからと断られた。

よく聞かれるらしく、皆に同じことを言っているらしい。

休憩もとれたのでまた身繕いをして歩き出す。

車道は山と川に挟まれて、道幅は広くて大きな鮎喰川を眼下にとても眺めは良い。頻繁ではないが、行き交う車に平行して川のそばを長い道程歩き続ける。

宿から十三番まで十一・一キロある。

ここは調子を崩さぬようにと「お四国八十八ヵ所めぐり」の本に書いてあった。別に危険な道ではないので、持参の黒飴を頬張りながら暫く良い眺めを楽しんで歩いた。


『秋雨や　時を旅する　遍路みち』


フッと自分は何処へ行くんだろうと思い出した。

この身体は十三番札所へ向かって確実に歩いている。

そして身体の一歩先を別の何かが進んでいる。

それは十三番札所ではなくてもっと先を目指しているようだ。

いったい何処へ行こうとしているのだろう。

弘法大師の『私は旅をしている。長い長い旅をしている。大日如来のもとへ』の言葉が浮かんで来る。

(未来だ！　過去から未来に向かっている。私は時を旅をしているのだ。家はすでに過去、足抜き出来ない世界に来てしまった）とそんなことを思った。

大日寺に向かっているこの身体の行き着く先、それは死、だから死装束なのだ。

家には帰れない筈、過去なのだから。私も大日如来に向かって歩いているのだ。未来に向かって進む魂にこの身体がせっせとついて行く。暗くはない、不安もない。

八十八番に近づく頃には、この命が甦ることを知っているように歩く。

ずい分先に行っていたような、また昔に居たような、時が止まっていたような、それは長い時間だったのか、短い時間だったのか分からない。

そんな私の前に、スーッと車が滑り込み、窓を開けて中から母娘さんのような二人連れが、

「乗って、乗って行ったら。降っているし、大日さんへ行くんでしょう、私等その前を通って行くんやから遠慮せんでもええよ」

と声を掛けて下さる。とても嬉しい誘いだった。それでも歩きに嵌っていたので、

「歩くつもりなんですヨ」

「まだ先よ、乗って行ったらいいのに」

「有り難うございます。でも声を掛けて頂いたので充電されました。お陰で頑張れます」

本当なら良いけど、という顔になって、

「そう、ほんなら頑張って！　何もお接待するものないなぁ、このジュース期限切れているし」

急に飲みたくなった。

第十三番札所

「どのくらい切れていますか、構いませんけど」

「ひと月やワ」

「あらァそうですか、じゃ諦めましょう」

と双方笑いながら、

「気いつけて！」

「有り難うございます」

と挨拶して先へ行ってもらった。

別の世界へ入り込んでいたので、疲れてトボトボ歩いているように見えたのかも知れない。人の情けは大きい。遠くに行っていた魂が現実に引き戻された。

温かい声援のお陰で本当に力が入った。

二時頃、十三番札所大日寺へ無事辿り着く。

好きで歩いているつもりでも、ここお四国では人様に声を掛けられると身に染みて有り難いのは何故だろう。

明朝、勤行でいつもながら清々しい気分になる。

またお説教に涙が溢れてハンカチを絞るほどに

なった。

「あなた方は白装束を着ているのだからすでに出家の身、ここに来た限りはしっかりお大師様にお仕え申せ」

とのお言葉に身も心も平伏す。ただ有り難い。御住職にお礼を述べた。

「無理をしないように」

とご指示を頂く。前日降った雨もすっかり上がり、雲の割れ目から神々しいまでの放射線がここ阿波の国、一宮の上に差し込んだ。

神仏に祝福を受けた思いで何度も合掌して十四番札所へ向かった。合掌。

佐々木さんとの出会い

十三番札所では洗濯機と乾燥機を借りることが出来たので大助かりだった。

須崎の佐々木さんとの楽しい出会いもあった。

夕食の時に隣に座っておられた御夫婦に、声を掛けられた。

「お一人で周ってるの？」

「はい」

「よう一人で周るね、恐《こわ》ない？」

「恐いときはそれはもう、南無大師遍照金剛と言ってお杖に縋っています」

ご婦人の方は首を横に振って、

「そんなことない、お大師様助けてくれないよ、一人は止めてご主人と来たらええのに、そうおし」

「そうですね、打診してみましょう」

「うん、それが良い。うちら喧嘩しもって周ってるんよ」

とご主人の方を指さす。

ご主人は奥様を見て、

「これは私のスピードを恐がって止めて止めてと言うんですワ」

と可笑しそうに笑われた。ご主人が夫人のお大師様のように見えた。

たわいもないこんな会話に私はとても温められ、そしてお二人が好きになり、お車に誘って頂いたけれどお気持ちだけ頂き、須崎での再会を約してそれぞれに出立した。

十一月九日　土曜日（六日目）

十四番札所常楽寺から、十五番国分寺、十六番観音寺、十七番井戸寺と平均二キロメートルの短距離で、途中佐々木さんともお会いした。

国分寺だったかで、近所の方らしいおじいさんに道を教えて頂いた。

しばらく行くと、自転車で追いかけて来て、

「遠回りをしている」と言われ、

「向うの道を通るように言ったのにやっぱりこっちを通ったか」と同行下さる。

十七番井戸寺から十八番恩山寺まではＪＲとバスを利用。

バスの中から焼山寺で会った青年の歩いている姿が見えて懐かしかった。

恩山寺へは私を守って、父が先頭、善次郎叔父上が私の足元に気をつけながら、右に綾子叔母上が「頑張りなさい！」と繰り返し声援してくれていた。左からも道子叔母上、歌子叔母上が寄り添い、一緒に登った霊に励まされた。

恩山寺に着いて間もなく彼も着いた。

徳島駅で買った美味しそうなパンを半分ずつした。

荷物をベンチに置いてお参りに行った間に、青年が「パンを犬に盗られた」と言って慌てて知らせに来た。やられたのは私のパンだった。ウ……。

この日は十九番立江寺に泊まる。四時着。八・五キロメートル歩く。

観音様へ願かけて

ここでまた青年とうれしいことに綿貫さんとも再会。

三人共別々の宿だった。暫く彼女とお話できる。

夜、綿貫さんが明日の進み方のアドバイスをお寺まで電話して下さる。

宿坊は何と皇族方がお泊まりになるお部屋ではないかと思うほどの立派さで恐縮した。

その日の泊まりは私一人だった。

「私はまだ修行の身だからお説教は出来ないのですよ」

と言う若い僧。それでも、仏に対する純粋なお気持ちを聞かせて下さる。

私には有り難いお説教になった。

明朝五時半頃、

「起きていますかア」

と声をかけられ、

「ハイ起きています」

「お勤めをしますからどうぞお参りして下さい」

「ハイ」

身仕度は出来ていたのですぐに本堂へ参拝する。お坊様は、

「勤行は私達の勤めですからサラリーマンが電車に乗って会社に行って仕事をするのと同じですヨ」

と気楽におっしゃった。御住職が出張で留守だとのこと。

「今日は僕一人ですから」

と言って読経された。まだ薄暗い。

早朝からのお参りの方が投げるお賽銭の音を背中に聞きながら座っていた。

終わってから、

「この観音様はよく聞き届けて下さるので遠くからでも沢山の方が願かけに来られますよ」

とおっしゃった。

次の用意をなさっておいでの間、私は何を願かけしようかと考えてみた。

『願くばこの功徳をもって普く一切に及ぼし、我等と衆生と皆な共に仏道を成ぜん』

この言葉がしきりと出る。

「仏の道を歩め」との仰せと受けとめた途端に、お坊さまは見事な間でもって、

「ハイ、奥さんの願いは聞き届けられましたからね」

と次の間を示した。

これは本当に驚きだった。私の心の中を見ていたように…。

御本尊の御地蔵様がもったいなくも、赤ん坊のころの長男に似ていた。合掌。

十一月十日　日曜日（七日目）

水子供養をお願いして七時過ぎ立江寺を出る。

電車で徳島に出て、そこから生名までバスに乗る。

ＹＭＣＡの帽子を被った子供たちを、五、六人の青年がみかん狩りにつれて行くところだった。

好青年ばかりで、男性も女性も私の降りる所を丁寧に教えて下さり、励ましてくれる。

第二十番　鶴林寺

生名で下車。

そこから鶴林寺に歩いて登った。

十一番札所の藤井寺まで案内して下さった方が、世界平和教のマークを私に渡した。

これをお守りにしてと、『世界人類、平和でありますように』と唱えることを教えられた。

それを持っていたのでこの辺りで結えて行こう、ここまでお守りしてもらったからと思って木の枝に結えた。

本堂まで来ると大きな立て札で『世界人類が平和でありますように』と書いてあった。何か不思議な気がした。

納経所に行くと、お坊さんが、

「みんな無理な計画を立てるから疲れるよ、余裕を持って歩く方が良いよ」

と、六番札所、十三番札所の時と同じように言われた。

二十番札所の何故かここ鶴林寺へ登ったこと

は、父を始め、叔父叔母に励まされたことしか覚えていない。

徳島は厳しさを『一に焼山、二にお鶴、三に大龍』と詠っている。

仏の御心は二十一番に進ませるために、二十番をつらいと感じさせなかったのかと思う。お坊さんに「無理をせんように」と念を押される。

鶴林寺の鶴という字で、すぐに夫の恩師である故鶴岡鶴吉・貞子御夫妻の事を思い出した。御二人の御冥福を祈る。

舎心山での懺悔

鶴林寺の納経所でお坊さんと話をしているところへ次々と参拝の人達が入ってきた。

宿坊が空いていそうだったが、急に忙しくなってお坊さんは、

「無理をせんように」

と言いつつも、

「歩くの？　歩きならへんろ道はそれだから、そこを下りて行って！」

と指さされた。

ここで宿をとるつもりだったが言いそびれてその言葉に押されるように歩き出した。

鶴林寺を二時半ごろに出て、太龍寺二十一番札所へ向かう。

山から下りた所で、畑仕事をしていたおばさんに道を確かめると、

「これから行くの？　あの山とあの山の向こうにまた見えるやろう、あれが太龍寺のある所よ、まあ若いから行けるやろう、気いつけてナ」

と言ってくれる。

その声援になぜか心細くなってくる。

それにもかかわらず身体は力漲って、とても大胆に進んで行く。

だいぶ行った所に、車が二台置いてあった。

（こんな所まで乗り入れる人が居るのか）と思いながら、歩いて行った。

近づくにつれて気味が悪くなってきた。それは廃車だった。

急ぎ通り過ぎたいのに、この目はジッと車を見る。

（人が居るナ…）と感じて身ぶるいしながら小走りで抜ける。

そうとう山道を歩いてから、灯のともった一軒家を見つけた。

昼間でも生い茂った山道は薄暗い。

聞かなくてもその道一本しかないのに、人恋しくなっていたのか、戸を叩いた。

すでに鍵の掛かっている戸を開けて頂く。

上品なおばあさんが指さして、

「これを右へ右へと折れて行って」

と手を右へ二度振って見せた。

「ハイ、有り難うございました」

とお礼を述べてまたスタスタと登りに急いだ。

誰もいない山道。陽の暮れる山頂に向かって……。

勇み足の自分、そんな自分を見ている自分がいた。

進みたくない気持ちに構わず進む足。

不本意に進む身体にたまりかねて離れてしまった魂。

それほど抑え込まれているのに、身体はしっかりとお大師さまにお仕えして歩いた。ここで狂えば遍路ころがしをみずから、ころげ落ちて行く。

ひたすら『南無大師遍照金剛』と道しるべに縋った。

相当歩いて分かれ道に出た。右も左もコッチ、コッチと呼んでいるようで決めかねた。

ここまで来たのだ、もう戻れない。

それほど歩いてこれが三度目の分かれ道、右に二、三歩行くと、左が呼ぶ。左に行こうとすると、右が良いのかと問う。

先ほどのおばあさんには、右へ右へと教えられたが、今度の選択はどちらかと迷って三十秒ほど立ち往生。

勝負！　と掛けて左へ進んだ。しばらく行くと見つけた！

へんろ道しるべ。

途端に会ったり別れたりしているかけ連れの綿貫さんのことを思い出した。

焼山寺へ向かう山中で道に迷った時、やっと見つけた『へんろ道しるべ』にしがみついて喜んだ綿貫さん。

「ワタヌキサァーン！」

綿貫さんが恋しくなった。

登って歩いて一休みして、だんだんに登って一休み、又歩いて一休み、と休むことが多くなり、もうこれ以上は登れないとしばらく座り込む。

しだいに陽が落ちてくる山の中で、涙が出始めた。

登っては泣き、歩いては泣いた。

何かを諦め始めた時、少し広い場所へ出た。

山が一望となる所だった。座り込んでしまい、

「どうしてこんな所へ来たのか、それなら来なければ良かったのか」

と自分に問うていた。

それでも「家よりこの山の方がマシ！」今の家庭は出口のないところと思った時、生きているのは自分だけに思えた。

暮れていく山で動けない身体に夜のとばりが近づく。

山のあなたの闇に、怯える自分の子供たちが見えた。

その時、ハッとこの山より恐ろしい過去を生きてきたんだと分かった。

深い闇の中、その淵をただ一人、己を灯として子供たちを歩かせた事に気づいた。

身体は震え、オイオイ泣いているのに涙は露ほどのものでしかない。涸れてしまっていたのだ。過去の地獄が見えた。めったに泣かなかった子供達の姿だったのだ。

登りに入ってからの竦む思いは、己の罪をこれから見せられる恐ろしさだったのだ。只々子供たちに申し訳ないと懺悔した。

『言葉は建前、涙は本音』という。

言葉は出し尽くしたのに涙は出てこない。

「泣いている間はない」とこれまで決して泣けなかった。

そして「私が泣くのは嬉し泣きだ」といつのまにか決めていた。

奥の奥に仕舞い込んだ涙、それはこの舎心山の奥まで来なければ流せなかった。

そうか、この山が『ここに来い、早く来い』と何万年も待っていたのだ。

お大師さまが「舎心山なら誰も見ていない、ここなら泣けるだろう」とお連れ下さったように思った。幼児の様に、（でもどうして私のことを知っているの?）と、また震えて泣いた。気がついたらそんな私を山が温かく優しく包んでくれていた。

私はお杖をしっかり抱きしめて「山の神様、お大師様。有り難うございました」と大声で繰り返しお礼を言った。

十一番札所藤井寺の民宿で先達を引き受けて下さった綿貫さんと語った私の言葉に嘘はない。晩秋の山中での野宿は朝まで無事か分からない。

まさかの為にと納経帳の最後にかねて用意の気持ちを書き込んだ。

「お大師さまに見取られて行けるなら本望です」と。

その途端に身仕度をして走った。

すべてを明け渡した時、急げ！　と私の中でお大師さまが走った。

そんな気がする。もうすぐの所まで来ていたのだ。「太龍寺」。

この字が見えるうちに辿り着いた事が本当に嬉しかった。矢印の方を見ると大きな山門があるのに、首を向ける間にもう陽は落ちていた。

そこに見えるけれど結構道のりはある。着いたら本当に真っ暗になった。

向こうに本堂らしいものがあるが、一歩も歩けない。

そばにあるベンチに座り込み、やはり野宿かと思った。

本堂の方で灯りが付いた。お坊さんが下山するのに乗ってきた車のヘッドライトだった。山門の前に座っている私が照らし出されてびっくりしたと思う。

「本堂までどのくらいあります？」

「五分ほどです。でも誰もいないし、僕らも下に降りて行くので納経帳を出して下さい。書いてきますから、その間に奥さんはお参りして下さい」

と走って行かれた。

「宿も頼んでおきましたからね」

と車で送り届け、私を宿の方に頼んで下さった。

夜の山道を一里半ほど乗せてもらっている間に、運転していたもう一人のお坊さんは考えられないといった様子だった。

私も同じように考えられない気分だった。

「地獄に仏とはこの事だワ」と感謝する。

お坊さんは笑っていた。私は何をしていたんだろうという思いで只『南無大師遍照金剛』だった。

私の守り本尊と舎心山太龍寺の本尊は同じ『虚空蔵菩薩』だった。

これまでの自分を空っぽにしないと次の段階を生きることは出来ないのだと気付かせて頂いた。

ようやく日が経って、やっとここ舎心山で懺悔できたこと、その幸せを噛みしめている。合掌。

十一月十一日　月曜日（八日目）
朝食の時、焼山寺で会った青年にまた会った。
綿貫さんも一緒だったらしい。もう発った後だった。
私は良く眠れた、今日も歩ける。
昨日のことはなかったように元気に宿を出た。
しばらく行って時計を見た。アッ、時計がない。

でも引き返したくない。もう仕方がない。

どこかで安い時計を買おうとあっさり諦めて歩いた。

あまり歩かない内にだんだんいやになってきた。

「どうしたんだろう、行きたくないなぁ、今日もまた一泊した方が良いのかなぁ」

と思って、いま宿を発ってきたばかりなのに目の前の宿に、また一人泊まれるかと聞いてみた。

みんな今出たところで、掃除が済んでいない。

「待っていますから」

とは言ったものの、元気なのにどうしようかなと思った。

バス停がないので、それでは、

「タクシー呼べますか」

と聞くと、

「呼んであげましょう」

と電話して下さった。

時計はタクシーを待っている間に電話で問い合わせて、部屋と脱衣所を探してもらった。

見つからないらしい。

しかたがないと諦めたが、お手拭きを貰っていたのにお札を差し上げてなかったので、
タクシーが来てから渡しに行った。

そしてもう一度探して下さった。

心当たりの所になくて、出掛けに置いた荷物の所に落ちていた。

お札を渡しに来て良かった。

実は、退職記念に主人に買ってもらった時計なので大事にしないといけないものだった。

無くしたことに気がついても、引き返すのが嫌で諦めた。

けれどそういう訳にはいかず、勇んで宿を出たのに急に歩きたくなくなるのが可笑しい。

運転手は、遍路に詳しい人だった。

子供のころからへんろ道が遠足だったと話してくれる。

お大師様は最短距離を歩いたと聞く。へんろ道も土地開発なんかで昔と大分違ってきたらしい。

子供の頃はどこでもお遍路さんを泊めていた。

お参りに行けない人は願いごとをお遍路さんに託して、お遍路さんは託されて仏様に届ける。

お互いさまでもう生活が込みになっていたなどと聞かせて下さる。

お杖の話になった。「アッ！」忘れてきた。

タクシーが来た途端、お大師様はやめてタクシーを頼ることにしたようだ。

現金な自分を苦笑した。

電話を掛けてもらった宿までお杖を捜しに引き返す。

無事見つかった。合掌。

二十二番平等寺で綿貫さんに会えた。

登り方をアドバイスしてもらっていたので、舎心山での事を話す。

「二時半から登るなんて山を知っている人なら、そんなことしないわョ、馬鹿ネェ。良く登ったわネェ、大したもんよ」

と呆れられた。

二十三番薬王寺に偶然二人とも宿をとってあった。

当座いらない荷物を預かって、私はそのタクシーで先に行った。

とても良い運転手さんで、私がお杖を忘れたために引き返してもらったのに料金が上がったことを気にしながら済まなそうにしていた。

二十三番薬王寺着。

広く立派な宿坊で、一人部屋がもったいないほどだった。

洗濯機と乾燥機がお風呂場に判りやすく設置されていてとても有り難かった。

食事も美味しく、神戸から友達と二人連れで見えた方と四人で少しお喋りをした。

海の幸を少々家に送る。友人の前田律子さんに電話を入れる。

「いつ帰るの」

お杖次第なので「解らないワ」

「キャッキャッ」と笑って「貴方らしい」と言われた。

十一月十二日　火曜日（九日目）

早朝六時からの勤行に綿貫さんと神戸の方達と四人で参列した。

今までで一番お経の読み方が早かった。よほど読み込んでいないと、ついていけないほどで、早読みの練習をしていて良かったと思った。

若いお坊さまのお説教に『キリスト教の愛と、お大師様のお慈悲は同じである』と承ってジィーンとした。

三人は私が驚くほど咽び泣いていた。身に沁みたようだ。

階段を下りながらも泣き泣き、

「どうしてこんなに涙が出るんだろうネ」

と綿貫さんがおっしゃる。そんな彼女をいじらしく思った。

奉仕でお寺の掃除をしていた方が氷砂糖を四人に下さる。

東西南北の祈りも教えて下さった。

受付で文房具屋のある所を尋ねた。そこに居た男性の方が、

「ボールペンなら使って下さい」

と二本下さった。遠慮して一本頂くことにした。

帰ってからも本当は欲しかったのに、どうして二本頂かなかったのだろうと今ごろ悔やんでいる。

綿貫さんは歩いて、私は電車とそれぞれの道を進む。

ＪＲ牟岐線日和佐発八時五十六分、鯖瀬着九時二十六分。

鯖大師まで一〜二分で着く。

宿に着くといつもは部屋までお杖を持って入る。ここでは玄関で預かり、お杖の置き場所が決められていた。名札を付けてお杖立てに入れる。

自分だけ一人、部屋に入ってお大師様が置いてけぼりになるような気がする。

どうしようかと暫く考えて、食事に行く時と同じように、

「お大師様どうぞ」

と気持ちで御案内した。

部屋に入って菅笠、笈摺、脚半、手甲、お数珠と、お座蒲団の上にたたみ、お茶をお供えした。これでよさそうと気持ちは落ち着いて、

『南無大師遍照金剛』

と合掌。

歩きの綿貫さんが二時四十分着。早々に、

「石綿さんお大師様に会った？」

と今も生きている人のように気軽に言われた。

「いいえ」

「私会ったのヨ、真っ白いお大師様だったワ、後ろに居たのヨ、それからはたびたび振り返ってみるのョ、後押してくれてるみたいでサァ」

それを聞いて胸が一杯になった、合掌。

二十三番までの発心の道場では、十九番の立江寺で観音様に発心して頂いた。

『願わくばこの功徳をもって普く一切に及ぼし我等と衆生と皆ともに仏道を成ぜん』

これが道場内でした私の発心なのだと思う。

金剛頂寺にて

十一月十三日　水曜日（十日目）

ＪＲ牟岐線の鯖瀬駅から阿佐東線の甲浦まで乗り（運賃は四百七十円）、ここからバスで最御崎寺まで行く。（バス代千四百六十円）

最御崎寺は昔は東寺《とうじ》と呼んでいた。登り口で一旦降りるが、まだ早いのでバスで金剛頂寺登り口まで延ばした。教わった近道から、三十分ほどでへんろ道を登る。

途中、自分で書いたへんろマークを結び付けて歩いた。

お大師様にお礼を言われたような気がして楽しく登れた。

この二十六番で決めたことがある。

登りながらその気分になっていったことを確信した。

お大師様との同行二人は、喜びでなければならない。

苦しくても、お大師様を感じるためのものだから有り難い。

恐ろしいのもお大師様を知ることだから嬉しい。

涙は慰められている。

と感謝した。気持ちがそこまで来ると、

『喜べない遍路はしない』

と決まって本当に楽しくなった。

お天気も最高、汗を掻いた身体に風が爽やかだった。

二十六番金剛頂寺で出会った南條均御夫妻より、二十五番・二十四番と二ヵ所ほどの逆打ちに、

「二十四番まで行くのですが如何ですか」

とお車の御接待を頂き、素直に享けて東寺へ進む。

歩き続けられない私は修行道場に入って何の修行をするべきかと考えた。

一人歩きの遍路は人の情けが身に沁みるので、素直になって喜び続ける修行をしようと思った。

二十五番の津照寺を打って下りる時、何故かお大師様の不思議を語ってはいけない気がした。

不思議ではなくて信じてしまう事でなくてはならないということが後になって解る。

二十四番まで運んで頂き有り難かった。御夫妻とはゆっくりお話をしたいと思いながらさようならしてしまった。

二十四番東寺で抜けた私ともう一つの出来事

本堂の柱にリュックとお杖を立て掛け、ローソクをつけに四、五段下に下りた。そして何となく振り向いた。

何と！　荷物の側に私が居る。目が釘付けになって、見えない私をじっと見つめた。ならばここに居るこの私は誰？　熱く込み上げてくるものを感じた。

帰って母に話した。私をまじまじ見ながら聞いていた母は、

「あァー、抜けたんだね」

と一言。いま思い出しても深い感動と涙が溢れる。

宿坊に着いてまもなく、

「歩き遍路さんですか」

「時々電車やバスにも乗りますけど」

「それはかまわんでしょう。ＮＨＫの取材班から電話で聞きたいことがあるらしいので、ちょっと出て下さい」

と宿坊の夫人から聞かされた。

私は乗り物にも乗るので、

「歩き通している方がいるから連絡とりましょうか」

と言った。

「いえ、それはかまいません。二十八番から二十九番の間にある善根宿の都築さんの所に泊まれる人を取材したいのです。十四日から十九日まで待機していますから、その間に通れる人を探しています。お願い出来ますでしょうか」

ということで、

「わかりました、段取りしてみましょう」

ということになり、自分でも安請け合いしたかなと思いながら、予定を立てた。

この日は十時から久しぶりにテレビを見た。

『空海、四国遍路』が放映された。

八十八ヵ所を周りつつ最後の大窪寺に近づくと、時が逆戻りしてくる不思議を語っていた。

朽ちていくへんろの身体がボロボロになっていくのであるが、やがて八十八番大窪寺に近づくと、立派な青年僧に変貌する。

それはここまで来て起死回生するのである。

私も十三番大日寺へ行く途中、『時を旅している』実感をしていたので、とても有り難く思った。

私もそうなりたいと願い、そうなるように歩こうと思った。

乗りもの利用にて五十六キロメートル進めた。合掌。

十一月十四日　木曜日（十一日目）

空海祭りが十一月十四日から始まると知り、どんなことをするのか見ていこうと思った。宿は東寺から下りた所の海辺にあるホテルにした。（東寺は現在最御崎《ほつみさき》寺と呼ばれている。）

朝日と夕日を拝みたくて決めた。観測所や御蔵洞を囲った、岬国立公園に出て遊歩道を歩き、暫く浜辺でゆっくりした。

青年大師像の下にあるお堂で二時より読経が始まり、少し同座させて貰った。これからが有り難い大事な処と言われたが、残念ながらあまり寒くなったのでホテルに戻った。

翌朝、ホテル明星を早めに出て、少し先の室戸荘に泊まっている綿貫さんの所まで行って朝食を一緒にした。

ここで綿貫さんは歩き、私はまたバスでそれぞれの道を進んだ。

二十七番札所神峯寺にて

十一月十五日　金曜日（十二日目）

晴天。絶好のお遍路日和。

ドライブイン27に宿を決めてあるので、ここで一服して登った。

宿のおばさんからゆで卵とキャラメルのお接待を享けて感謝。

二十七番神峯寺へ出立。

とても心晴々、今日のお天気と同じように大きな気分、子供が遠足に行くように弾む。

伸び伸び、一人で歩いているとうっかりお杖をくるくる回したくなる。

途中、湧き水があった。コップも置いてある。

あまり水は飲まない方なのに、久しぶりに美味しく何杯も飲んだ。

一休みして、自分でもよく歩いていると感心しながら登った。

途中、素晴らしい見晴台に立っての眺望は疲れもとれる。

半袖になってまた登る。下りてくる車中の方と会釈する。

しっかり汗を搔いて登ったのに、なぜか負担はなかった。登りは続く。

駐車場から出て来た団体の方達と本堂までその中にまぎれて行った。

一人が、

「これを登って来たら、帰って少々のことがあっても文句一つ言わんようになるぞォー」

と自分に言い聞かせるように言って皆を笑わせた。

本堂への登り口にまた湧き水がある。本当に美味しくて又ガブガブ飲んだ。

急な階段があるのに、これも苦もなく登れた。

お参りを済ませて、お寺でお茶と羊羹のお接待を享けた。

池の鯉を眺めながら、ご馳走になって暫く休憩した。

納経所でお願いして義叔父上の菩提を弔った。

お寺を出た所をすこし右寄りに行ってみると、それはそれは言葉にならないほどの絶景だった。

帰りは登りにも増して嬉しい気分で下山した。

ここは高知。高知生まれの義叔父上が私に喜びを伝えているのではないかと思った。

絶景を前にして下りながら、フッと魂の道のりはみんな同じなのではないかという気がした。

人間空海が通った道のりのように、目的が同じであれば意識も同じになり、だから同じ所を通る。違いはどこにあるのか、それは意識する者としない者。志を持つ者と持たない者。その差がここにあると思った。

空海は空と海ばかり見ている内に、

己は何だろうと考え出したのではないか。

空でもない、海でもない、己は何だと……。

そして陸だ（里）と気がついた。陸に住んでいる生き物だと解って、陸をしっかり知らなければならなくなり、山野を駆け巡ったのではないか。

そんな気がする。弘法大師に教えられている様なと。

そんなことを思いながら下山していると、室戸荘の食堂でご一緒だった男性の方が汗ビッショリで登って来た。にも拘らず、

「そこに湧き水がありますよ」

室戸岬

と教えても、それどころではないと首を振って、

「あとまだどのくらいある？」

「足元だけ見て歩いたら着くから、上を見ない方が良いですヨ」

と自分の言いたいように言って、

「頑張ってー」と声援を送る。

私は前日、御蔵洞をお参りして本当に良かった。自分のような者が御前に立たせて頂いて、畏れおおく平伏す思いで参拝した。

突き上げる思いは唯もったいないばかりだった。国立公園になっている室戸岬で少し遊んだ。その時からずっと一緒に遊んで下さっていると感じていた。

とても楽しい。高知で一番険しい修行場であり、八十八ヵ所では関所の一つと言われている二十七番なのに、とても喜んで登り下りした。

十年前『喜んで生きなくて何のこの世』と発心。そして十年後ここ高知の修行道場にて、『喜んで南無大師遍照金剛でなくて何の遍路』と発心。

私はなんでもないおばさん。

その実、内なるものの厳しさは『仏と己の絆にある』。

己に睨みを利かせているのは『仏様と直結しているか』ということ。

他人が私に柔和な印象を持つとしたら、その時こそ仏と直結の厳しさが内なる現実なのだ。

十九番立江寺は徳島の関所となっている。ここで、『仏道を普く一切に及ぼし』と誓願。

二十四番東寺に着くまでに、『喜んで遍路する』と発心。

二十七番の神峯寺は高知の関所となっている。ここで、『喜んで遍路をすることを修行』と決めた。

こうしていろんな道のりを経て、菩提の道場（愛媛）、涅槃の道場（香川）へと及んで行った、合掌。

民宿かとりまでに

十一月十六日　土曜日（十三日目）
宿を六時二十分に出発。
良いおばさんでまた会いたいドライブイン27だった。

二十八番大日寺に向かう途中、道を尋ねる。

ここでお昼の接待を受けた。充実を感じるお宅で、豊かな人柄のこの夫人が話して下さったこれまでの体験は、それはそれは悲しくも貴いもので肝に命じた。

この方の息子さんは、他家の子供さんを車ではねて取り返しのつかない事になってしまったと、テーブルにお心づくしのものを並べながら語り始めた。

相手方への申し訳なさと辛かろう我子への思いと、苦しみは、語る方も聞く方も涙だった。

そして又、今度はご主人が車の事故で亡くなった。

その加害者が玄関に入って土下座して謝り、許しを乞うたと言う。

「どうか、その手は上げて下さい」と急ぎ、「仏の冥福を祈ってやって下さい」と言って奥に案内した。

相手の苦しみが痛いほど解るゆえ、少しでもその方の辛さが軽くなるようにと必死になり、「かって我家でも……」と一緒に泣いて慰めたと語る。

その姿は、我事の悲しみの前に加害者をその苦悩から救うことが優先されていたのだ。

ここまで札を打って来た私は、体験を伺ってしっかり杭を打たれた。

信仰の最後は『許し』と教わっているが、これほどまでに辛さを重ねて許し、苦しみを耐えて許され、初めて許しを全うするのだと。

今は立正佼成会で救われて許しをされているという。

それもお大師様のお陰とおっしゃってお接待下さった。

お暇して目的地に向かう途中、先ほどの夫人が、お嫁さんと車で拾って下さり、宿（かとり）まで届けてくださる。

最高のお天気で十八キロメートル歩けた、合掌。

〔宿にて〕

夕食の時、近くでご一緒だった男性の方は見るからに幸せそうな方だった。

私もこんな歩き方をしたいと憧れるような印象を持っておられた。

「どうぞ、このままの幸せが続きますように」

と祈って打つと伺い、まったくそうだろうなぁと思った。

素晴らしい早朝の海を眺めていたら、ラジオから『夜明けの海』が聞こえてきてまさに、感無量だったとのこと。この方らしいお徳だと思った。

この方は神戸の六甲山を横断する会に入って参加したことがあり、一日で五十キロ歩き通すので、それはまた大変だったとおっしゃる。

とても良いから私にも行くようにと勧める。

それを聞くと西宮に暮らしていた頃、娘も参加したことがあるので、一日に五十キロ歩いた次女には頭が上がらない。

夜になって急に落ち着かなくなった。また何のために来たのかと考えだした。

供養、供養と何かがせき立てる。

「そうだ！」

祖母の戒名が解らない。里や、従兄弟たちに電話を掛けまくる。

本家にてやっと判明した。一番に掛けるべき所がなぜか最後になってしまった。

お酒の入った愉快そうな団体のお客さんが、

「あんたさっきからズーッと電話掛けとるなァ」

「戒名が解らなくて探してもらっているんですよ」

「あーそれは大事なことだわ」

こんなふうに声を掛けてもらうことが、とてもほぐれる。

戒名が解ってやっと落ち着いて眠れた、合掌。

NHK取材の日

十一月十七日　日曜日（十四日目）

朝食の時、昨日の方が、

「今日は車で行くので乗りますか」

と声を掛けて下さった。

この方の爽やかさに充電されたので、

「歩けます。有り難うございます」

とお札を言って別れた。

かとりを発つ時、百八十八回目の方の錦札を頂いた。

錦のお札を頂くことは大変なご縁だと教わる。

NHKの撮影が待っている大日寺に向かう。

途中、坂本竜馬会館の看板があったので、行ってみたいと思い、近くの方に、

「もう開いていますかね」

と尋ねてみる。私の姿を見て、

「大日さんへ行くんじゃないの」

「そうですけど、竜馬会館にも寄ってみたいと思って」

違った方角に向いて行こうとしている私に、

「竜馬会館もお寺もこっちよ」と指さして、

「会館はまだ早すぎるから開いてなかろう」

と教わっているところへ、歩き遍路の背の高い好男子がさっそうと現れた。

「こっち」と指さして、先を歩いて行かれたので後からついて行った。

途中、間違いやすい所があった。

二人で手分けしてへんろ道マークを探した。

近くのおばさんがちょうど出てきたので教わり、間もなく大日寺への長い二本の石だけが立っている山門と、その先に短いへんろ道が出てきた。登り口に手製のへんろマークを結びつけて登った。

勾配がきついので、これが続くとしんどいと思いながら登る。へんろマークで少々時間をとったので、ここまで来れば彼は先に行ったと思っていたのに途中で待っていてくれた。

と、へんろ道から大日寺の参道が見えて、すぐに着いた。

お寺で回向をお願いした。

「お世話になりました。お供養をお願いして行きますので」

と言うと、一休みしていた彼は、

「どうぞお供養をしてあげて下さい」

と応える。

落ち着いた物腰がなかなか立派だった。いずこかの御住職かも知れない、合掌。

撮影の前に

お参りも納経も済ませて午後一時からの撮影には着いたのが早すぎたので、友人に撮影開始の電話を入れた。

「ウソ！」

と吃驚して、

「そんなら薄化粧くらいした方がエエのんと違う」

「どうしようと思ってー」

「やっぱりした方がエエヨ」

と勧められた。電話を切って（ドラマじゃないんだ、もう少しで口紅を濃く塗りそうになるじゃない）と危なかった。

彼女と話していると煩悩に塗りつぶされてしまいそうになる。

半信半疑の彼女は放送が始まり、私を画面で見た途端、本当に出たんだワと思わず、

「石綿さァん」

と呼んでしまったらしい。

門前の仏具屋さんに寄って、なくしたお数珠や白装束を買い足して、重ね着をした。

今までにない寒さとなれない撮影が始まることに緊張している。

それが、落ち着かない気分などいっぺんに吹き飛ばすほどの力を与えてもらった。

お店の明るい奥さんのお陰で人ごこちついた。

ご主人が外から帰ってみえて、遍路心得の帖等話して下さった。

しっかりもっと聞かせて頂きたかった。

お杖の扱いや、お杖の頭に綿帽子を被せる理由、『巡礼にご報謝』と軒下に立った時、

お杖の頭にお大師様の霊を呼んで座って頂く、そのためのお座蒲団と教わる。見えなくても信じて行なうことが、信仰の姿なのだなあと思った。嫁いで間もなく、姑から神棚にお供えする時、「催促の無いものから一番だそうですよ」と聞かされた。

これを思い出してご主人の言葉を噛みしめた。

当たり前のことでもこのように説明されるとなるほどと思う。

時間があり過ぎるので、息子さんが坂本竜馬会館や龍河洞へ案内して下さった。

息子さんの仕種に年上の私は教わるところばかりで希望を与えられた。

菅笠の紐を新しく付け替えて下さるなど、撮影が始まるまですっかりお世話になってしまった。感謝。

午後一時過ぎにいよいよ撮影開始！　少し打ち合わせをして、参道を私が歩き出すところから始まった。

「自分のペースで歩いて下さい。僕達は先に行って石綿さんが歩いているところを撮りますから」

と言われて私が主役とばかりに歩き出す。暫く歩いて行くと、

「石綿さぁーん、石綿さぁーん、どこに行くんですか」

と後から追いかけて来た。

「エッ！　こっちじゃないの」

「どっちのほうから行かれます？」

「お杖様次第だから、私は足の向くまま、気の向くままって感じだわ」

と馬鹿なことを言ってしまった。

「じゃあ、いいです、いいです。好きなように歩いて下さい」

「なに？　二十九番はあっちなの？」

バツの悪かったこと。

二十八番に来る時も、出てから見当外れに向かっていてその度、お大師様の化身の方がそっちじゃない、そっちじゃないと教えて下さる。

私の前後を近づいたり、離れたりしながら撮るカメラさん、マイク係の方達のご苦労が解った。（撮影ってこんなに大変なのか）とびっくりした。

カメラを意識し過ぎて歩きにくい。私がカメラばかり見てしまうのでフイルムを無駄にさせて申し訳なかった。

道を尋ねているところや、いろんな所を撮られながら、都築さんの善根宿に着いた。

取材班の方達を見ていると、いじらしいほど頑張っている。

私が楽しくさせて頂いたのも、取材される皆さんが温かい人柄だったそのお陰だと思う。これも感謝の出会いだった。

この企画を持つきっかけは国際化の今だからこそ、しっかりと日本古来の善根を見直して、その素晴らしいものを世界に伝え広めようと、お四国遍路の善根宿を取り上げたと聞かせてもらった。胸が一杯になる、合掌。

都築善根宿にて

善根宿に着いてご主人の都築さんに挨拶する。
すぐにお杖を洗って下さった。お杖は同行二人のお大師様を表わしている。
これを一番に預かった都築さんの信仰の篤さが感じられる。
宿帳に記入したり、少しお話して部屋に案内された。
一番に都築さんのお母さんへ紹介される。じぶんの祖母に会ったような気がした。
懐かしさを覚える方だった。
続いて奥さんと息子さんと、そのお嫁さんに紹介された。
家中で迎えて頂いたことに恐縮した。お風呂も一番に入れてもらった。
自分がお大師様になってしまいそうで、もったいないことだった。
夕食はご家族と、逗留中のお遍路さんと一緒にご馳走になった。
みんな和やかで家族のようだ。
私は放映されるのだから、御仏やお大師様を汚さないよう、特別言葉に注意した。
そのため、とても緊張していた。
団欒の中で、都築さんの口から、

「私も若い頃は家族にさんざん迷惑をかけたから……」

「そうですか……」

「私は子供を放って育てました。そして親を大切にしたんです。自分が一生懸命にやると、子供も一生懸命同じようにする。子供は親の心を慕うから、だから今、子供が婆ちゃんを大事にしてくれる。それが一番嬉しい。なぁー」

とおばあさんに語りかける。

「あぁ、やさしいよ」

と、ニコニコ笑いながら応える。

都築さんは、

「今は子供に感謝しています」

と満足そうだった。

息子さんは善根宿を継ぐつもりだという。私も自分の事のように嬉しかった。

彼は働きもののお嫁さんと仲睦まじい。一緒にお風呂へ行く所を私に見られてテレていたのが微笑ましい。

もっとお話を伺いたかったが明日がある。この日はゆっくり休ませて頂く。

十一月十八日　月曜日（十五日目）
翌朝、まだ暗い内から、取材班の方は待機していた。

朝の勤行は都築さんを頭に、奥さんと逗留のお遍路さん達との中で一緒に唱える。お札を祀っているところに若い方の写真があった。息子さんを亡くされたと他から聞いていたので、この方ではと思って手を合わせた。力強い読経の中、都築さんの悲願を思った。後で、その写真はご主人が崇拝される開祖の若かりし頃の御影と分かった。朝食が始まってから、若い人の質問に、

「それは違う、こうゆう意味なんだから」

と訂正していた。慈悲と畏れをキチッと示される。受ける方は徒や疎かには聞かれない。善悪がはっきりしている。信念があるからだと思う。

ここには遍路してきて、都築さんに修行を勧められたという若者が三人逗留していた。一人は純粋に胸の内を力説する三十歳くらいの青年である。気の使い方が、周囲を明るくしてくれる。年恰好も性格も次男に似ている。この次男は努力をしているが裏目に出てしまう。次男の履き違えるのも育て方も家庭の責任と思う。それはもう不憫でならずしかし、親も力及ばない。

以前、次男は不動産のことで、若者を吐き捨てるように頭ごなしに言う地主さんに、全身全霊で当たった事がある。

料金受取人払郵便

新宿局承認

2523

差出有効期間
2025年3月
31日まで
(切手不要)

郵便はがき

160-8791

141

東京都新宿区新宿1－10－1

(株)文芸社

愛読者カード係 行

お名前《ふりがな》		明治 大正 昭和 平成 年生 歳
ご住所《ふりがな》	□□□-□□□□	性別 男・女
お電話番号	(書籍ご注文の際に必要です)	ご職業
E-mail		
ご購読雑誌(複数可)		ご購読新聞 新聞

最近読んでおもしろかった本や今後、とりあげてほしいテーマをお教えください。

ご自分の研究成果や経験、お考え等を出版してみたいというお気持ちはありますか。

ある　　ない　　内容・テーマ(　　　　　　　　　　)

現在完成した作品をお持ちですか。

ある　　ない　　ジャンル・原稿量(　　　　　　　　　　)

書　名				
お買上 書　店	都道 府県	市区 郡	書店名	書店
			ご購入日	年　　月　　日

本書をどこでお知りになりましたか?
1.書店店頭　2.知人にすすめられて　3.インターネット（サイト名　　　　）
4.DMハガキ　5.広告、記事を見て（新聞、雑誌名　　　　）

上の質問に関連して、ご購入の決め手となったのは?
1.タイトル　2.著者　3.内容　4.カバーデザイン　5.帯
その他ご自由にお書きください。
（　　　　）

本書についてのご意見、ご感想をお聞かせください。
①内容について

②カバー、タイトル、帯について

弊社Webサイトからもご意見、ご感想をお寄せいただけます。

ご協力ありがとうございました。
※お寄せいただいたご意見、ご感想は新聞広告等で匿名にて使わせていただくことがあります。
※お客様の個人情報は、小社からの連絡のみに使用します。社外に提供することは一切ありません。

■書籍のご注文は、お近くの書店または、ブックサービス（0120-29-9625）、セブンネットショッピング（http://7net.omni7.jp/）にお申し込み下さい。

その頃、私にこんな事を語った。

「聞いてみると地主さんは昔、人に散々裏切られてひどい目に遭ったので、決して人を信じた動きは出来ないようになったらしいワ。気の毒な気がして、俺は不安を与えないで安心してもらえるように動いてみようと思っている。それはもう業を煮やすところもあるけど、俺だけでも世の中、捨てたもんじゃないと思わせてやりたかったヨ。八十歳にもなって人が信じられないのは可哀想だワ」

と。お陰で交渉の末、こちらの有利に運んでくれたと喜んでいた。

この後、息子のために、

「生き方の未熟さはあっても純粋な努力が実りますように」

と祈るようになった。

私は遍路の旅で絶大なる力を授かった。

そのためやっと、御仏に子供を委ねることが出来た。御慈悲を頂いたお陰で、出来た事だった。

それを聞いた娘は、

「安心したワ。子供達も大いなるものに委ねてくれたほうが、襟を正すし、そのほうが安心なんだ」

と喜んでいた。叔母に話すと「そうかお互いに救われるんやねえ――」と同じようにホッとしていた。

この次男坊に似た青年は、お杖を突いてはいけない橋の上でわざと突くという。

「まあ、ダメよ、お大師様がお休みしているというのに」

「解っていますよ、でも突くんだァ」

「どうして？」

トントンと橋の上から突く真似をして、

「お大師さま、お大師さま、起きて下さい。寝ている場合じゃありませんよ、僕がここを通っているんだから僕を見て下さい。僕を知って下さい。と言いたいんだよネ」

トントンとまた突く真似をする。

ジィーンとして彼の胸の奥が伝わってくるような気がする。

もう一人は私の三男と同じくらいかと思った。

七年ほどカリフォルニアでホームステイをして暮らしていたらしく、九死に一生を得るようなことを、再々体験していた。

西洋人の親切と日本人の親切は、同じ親切でもその方法が違うと例えながら聞かせてくれる。若いのに冷静に見ているなぁと感心した。

また「汚い所を綺麗にすると、清々しい」と言う。

彼はご不浄のお掃除を積極的にするとのこと。

サラッと語る彼の言葉に感動して泣いた。泣きながら誉めた。

「この歳でそれが解るとは！」

突き上げるものが溢れるほどの涙となる。

彼の家は阪神淡路大震災で潰れた。だからここに居ると言う。

「そう、そうだったの」

私は、十年ほど前まで西宮に二十年近く暮らしていた。

知人も多く、惨事に遭遇した方や亡くなった方もいてとても辛い。

それ故、これ以上詳しくは聞けなかった。

若い彼の口から出る真理に、私が泣くほどびっくりしたのは、これを体験しているからかと思った。大変な運命に遭い、このお四国に来て都築さんの慈悲に温められ、清らかなものが豊かに正見し、正覚した。

それほど大いなる智慧なのだ。

一緒に聞いていた奥さんは今度は私に、よくよくのことがあるのですかという意味を含んだ声で、

「よく一人で歩いて来ましたネ」

私は、

「一人でもここまで来たというところに何かあるって解るでしょう……」

と暗黙の了解を求めた。

奥さんは黙ったまま深く頷いた。わずかであっても私の真実を尋ねて下さったことはとても有り難かった。

急に三人の若者が羨ましくなって、ご主人に、

「私も逗留させて下さい」

と頼みたくなった。と、そこへ取材の方が呼びに来た。（アラ……）

やはりそうもいかないようだ。

もう一人の柔和な青年のお話は時間がなくてお聞き出来なかった。

別れ際、さっきまで居た二人の姿は見えないが、彼には別れの挨拶が出来たのでホッとする。

三人の息子に会えたような気がした。

都築さんご一家とは別れ難かった。

八時過ぎに皆さんに見送られて出立。一度も振り向けなかった。

背中に感じる無事結願の祈り、それに押されて期待に応えるしかない。

やはり私には私の道がある。振り返らずに二十九番国分寺に向かって進む、合掌。

〔祈りという奉仕もあった〕
私は三十年ほど前、老人ホームへクリスチャンの立花寿美さんと奉仕に行った事がある。
一日目はやっとお手伝いが出来る程度で帰った。
二日目は従業員さんと同じ体験をさせてもらおうと思って、出勤も退勤も同じ時間にし

た。五十人の寝たきりの方へのおむつの取り替えと、三時に上げるおやつのジュースをおチョコに三杯くらいの分量で一サジずつ飲ませて上げる。

サジ一杯のジュースが喉につかえて大事を起こすことがあるので、充分気をつけるように教わる。

何人目かのおじいさんにジュースの一サジを飲ませようとした時、その手が途中で止まった。瞬間ではあるが、私を見るおじいさんの目にクギ付けされた。

その目は私のために祈っている目だ。口もきけないこのおじいさんの目は口ほどにものを言っていた。

そうか、人間こんなになっても奉仕は出来るのだ。人の為に祈る事が出来る。

「その意志さえあれば」を教わる。

これは一番大きな最後の奉仕だと思った。

それっきり二度と行かれなかった。

誘って下さった立花さんに聞いてみた。

「行きたいのにどうして行けないのかしら、何か用事が出来てしまうんですヨ」

すると、

「もう良いのよ、神様は貴方にそれを教えたかったの。それが解ったからもう行かなくても良いのよ」

と言われた。これをお年寄りに話すと皆さん有り難いと感謝される。私も善い体験をさせて頂いた、合掌。

〔お四国で気がついた事の一つ〕
入口でお杖を洗えるように準備されている所があるとホッとする。
それがあまりない。あってもバケツの水が少なかったり、汚れていたりしているのでお杖に悪いような気がする。

二十九番国分寺へは歩きやすい道のりだった。

五人ほどの人に尋ねながら歩いたけれど、平坦な道で助かる。

十時に到着した。広い立派な様相のお寺で、しばらくゆっくりしたい気分になった。

この日は素泊まりのホテルだったので、都築さんに頂いたお弁当は夕食にしようと思い、蒲原郵便局前でタコ焼を求めた。三百五十円。

十二時十分。外のベンチで食べていると、通る人が、

「寒いのに中に入って食べたら良いのに」

と世話をやいてくれる。

「歩いて汗を掻いたので、この風が良い気持ちなんですヨ」

「ああそうか」

とこれだけの会話もまた人心地つく。

これから下りという所で、道を尋ねた娘さんがとても親切に教えて下さった。
三十番善楽寺、一時三十分着。
ここのお寺は本尊が『阿弥陀様』だった。
自然に叔母上のことを思った。納経所でお願いして菩提を弔う。
お供養するといつも楽しい気分になる。みんな喜んでくれているようだ。
ここで帳面が真っ赤になるほど巡っている白いひげの一人遍路の方に出会った。
後に、八栗寺でもまたお会いした。
参拝を終えて参道へ出る。土佐一の宮の立派な神社が隣にあった。

中村澄子さんに送られて

お寺を出た所に撮影の朝電話を入れた友人の澄子さんにそっくりの方がいた。
もう一人の方と二人で道を教えて下さる。ここは山門までずいぶん距離がある。
本当に似ていると思いながら歩いた。彼女が応援してくれているようだった。
背中で感じた通り、はるか向こうで励ましてくれているように立っていた。
山門で振り返り参拝する。
胸がジィーンとなる。中村さん有り難う。
暫く歩いた所で車が前に止まる。中から（あら、先ほどのご住職）と思ったら、

「宿の方向へ行くからどうぞ、途中で降ろしてあげますから」

と車のお接待下さった。疲れ気味だったのでとても有り難かった。

サンピア高知三時二十分着。大浴場がとても良い気分だった。

五時五分に入って来た綿貫さんと同室。

久しぶりに二人でレストランに行き洋食にした。

「今日は思い切ってステーキ」

と綿貫さん。私はそれほど欲してなかったので、貝柱のサラダ風みたいなものを頂く。

都築さんに頂いたお弁当は次の朝となって、二人で出発前に頂いた。

彼女も十八日（私が出立した日）に都築さんへ寄って、昼食をご馳走になっていた。

「前の日の残りだけどと言って出してくれたのよ。石綿さん、おなます食べたでしょう。

あれ、私も頂いたのよ、美味しかったわネ」

「あら、そうだったの、ううん、美味しかったァ」

おむすびと共に、継がる縁の面白さを味わい噛みしめる。

さらに綿貫さんと二人で頂けたことが嬉しかった、合掌。

私を迎えに来ていた猫

十一月十九日　火曜日（十六日目）

サンピア高知を七時五分に出立。三十一番竹林寺着、九時三十分。

このお寺もとても好きだった。長い階段が良い。

参拝を済ませて二人で写真を撮り、門前の茶店で熱つ熱つのおでんを食べて温まった。

かりん糖を買う。とても美味しい。

腹ごしらえも出来て三十二番禅師峰寺に向かう。

大分歩いて一休みしたい頃、へんろ道の坂が急になる。

私は一服して綿貫さんに先へ行ってもらった。

しばらく休んで車道の方がなだらかだったので、遠回りでも良いと思ってそちらを歩き出した。

さほど遠くに感じないうちにお寺に着いた。十一時三十分着。

綿貫さんがへんろ道の登り口を見ていた。後ろから、

「綿貫さん！　こっちから来たのよ」

と上がっていった。彼女は、

「見てみて、私がここに着いたら猫が足にまつわりついてはなれないのよ、歩きにくくて

しょうがないからさァ、石綿さんが登って来るからあそこに迎えに行っておいでって言ったら、本当にあすこに行ってじっと見てるのよ。ホラまだ居るワ」

「本当だ、じっと見ているね。ネコちゃあん！　こっちから来たのよもう良いからねェ」

と呼んだ。聞こえないのかいかにも待っているように、じっとへんろ道の坂を見おろして座っている。

「猫にも解るみたいネ」

と言いながら、参拝を済ませ、お手洗いのある車道の方から下りていった。

挨拶してくれれば良かったと思って猫に心が残る。

海辺の道を通りながら、お店でおむすびやパンを買った。合計五百十円。

都築さんでご馳走になったおなますが忘れられないと言うことで、同じものをおかずに買って、

「外で頂く食事はどうしていつも美味しいのかしらネェ」

と言いつつ潮風に吹かれながら砂浜でお昼にした。また、三十三番雪蹊寺に向かって歩き出す。

途中、渡し場がある。綿貫さんが郵便局に入っている間、交通整理の青年に、

「渡し場まであとどれくらい？」

と尋ねる。

「もう少し」

と教えてもらった。フェリーを待っている間、甘栗のお接待を頂いた。

そのおじさんは宗派がちがうからとお札を辞退された。

フェリーは無料。二時十分発。

平成のお大師様

下船して暫く歩き、途中美味しそうなシュークリームがあったので、二人で一つずつ求めてその場で頬張った。本当に美味しいシュークリームだった。

また美味しいお茶をお接待頂いた。

宿より一キロほど先の雪蹊寺に三時頃着いて、お参りを済ませる。

納経帳を無くして、一からやり直している六十五、六の男性が居た。

納経所の方から、「納経より先に記帳するからだ」とお叱りを受けて頭を掻いていた。

そうとう進んでいたらしいけれど、それでもやり直す熱意に感心した。

母や従妹、友人に電話を入れる。

綿貫さんは門前の高知屋へ、私はまた一キロ戻って関の家さんへ。

この日は八時間で、二十二・三キロメートル歩けた。

過日、かとり旅館で百八十八回巡っている方の『錦のお札』を頂いた。

その本人にここ関の家で出会った。

通称『平成のお大師様』と言われる八十一歳のお方で、女性のお連れがいた。巡拝にお抱えのタクシーで何と七百回も巡っているという。運転手は気さくで親切な方だった。

もう一組、楽しいご夫婦が居た。

平成のお大師様が、

「女房が生きている時までだ。一人になったらそりゃ寂しいもんだ、今のうちだよ」

と十歳くらい若そうなご夫婦に語りかけた。その夫人は、

「エェ、奥さん亡くなったんですか、そちらは奥さんじゃないの」

「うん違う」

「そんなら娘さん？」

「いいや……」

「……だれ？」

次々尋ねるのでチョット可笑しくなった。

「この人は前、私の会社に勤めていた人。今は会社を息子に譲って女房の供養に巡っているので。この人もご主人を亡くしたから巡ることになって連れて来たんだ」

「そうだったのォ、まあ若いのになぁ」

それぞれあるのだと食事をしながら聞かせてもらう。

平成のお大師様は、

「私は七十過ぎから巡り出したので、歩きは無理だから車で巡っているけど、歩きの人には頭が下がる」

と一目おいて下さる。

私は焼山寺で出会った二人三脚で歩くおばあさんに感じた貴いものを、ここでも同じように感じた。

老若男女いずれも姿勢は仏に向かっている。

「仏がいる所はみんな和めるのだ」

別れ際、平成のお大師様から又、『錦』のお札を頂く。

お連れの方から、

「お数珠は四重にして左手に巻いておくと動き易いですョ」

と教えて頂いた、合掌。

十一月二十日　水曜日（十七日目）

門前の高知屋さんに泊まっている綿貫さんに追いつくように、六時半に食事を済ませて六時五十分に出立。

彼女がちょうど靴を履いているところに着いた。

三十四番種間寺まで広い視界の中、晴れた秋空を満喫しながら楽しく綿貫さんにお供する。お寺を八時五十七分に出立。

一句など詠んでみる。

『長閑なる　秋遍路ゆく　清滝寺』

三十五番清滝寺のある医王山が見えてきた。

『秋晴れに　連れ立ちてゆく　医王山』


中腹に清滝さんが、「待っているぞォー」と言っているように座っている。

麓に近づく前に一休みしたくなって、綿貫さんには先に行って頂く。

お腹が空いていたとみえて、持っているものは次々に口へ入った。

自転車で巡っている大学生が三十五番からやって来て、

「これからですか、僕は今打ってきたんです。おみかん上げましょうか」

と大きなものを二つお接待して下さる。

私も何か渡したと思うけれど、思い出せない。

暫くお話が楽しめて人心地ついた。

同じ年恰好の三男とお喋りしたような気分でほぐれた。

「気をつけて！」

「頑張って！」

　とお互いの方向へ踏み出す。

　登り出して間もなく下りてきた一人の遍路さんに、

「こんにちはー」

　と挨拶する。向こうの方も同じく。そして独り言のように、

「こんな明るいお遍路さん見たことない」

　とつぶやいた。とても嬉しくて、お陰でしっかり頑張れた。

　麓のあたりから三つの魂が私を待っていると感じた。

　母がいる。弟がいる。次女がいる。

　そして弟が「あそこに見える」、「そこまで来た」と母と娘に教えているようだ。

　三人が待っていると思うと足が早くなる。

　あと一息の所で綿貫さんから、

「早かったじゃない」

　と上から声を掛けられた。やっぱり早かったんだ。

　三つの魂がやっぱり居た。男性一人と女性二人がそこに居る。綿貫さんが、

「石綿さん、この方達三十六番に向かうのよ。車で巡っているんだって、頼んで上げようか、今度は距離があるから山の中だし石綿さんの足では遅くなると思うから頼んで上げる」

と言って、その方達に、

「大分歩いて来たからこの人疲れているんです。車に乗せて頂けませんでしょうか」

と頼んで下さる。とはいっても、

「他に予定がお有りでは……」

と私が聞くと、

「いや遠慮はいらない、こちらの功徳になるのだから決して遠慮はしないでほしい」

ともったいないほどのお言葉に合掌したり、綿貫さんの心配りに感謝した。

車中、楽しい会話が出来てとても温められた。

ご夫婦とその男性のお姉さんの三人連れだった。

途中、大きな食料品店の人と言葉を交わしていた。そのお姉さんが、

「ここの店は私の里なんよ」

と教えて下さる。

三十六番青龍寺を打って、この日の宿である国民宿舎まで送って下さった。

みかんを貰った青年にまた会えた。

お姉さんが子供の頃は、三十五番から三十六番まで歩いてお祭りに山を越えて行ったこと等、話して聞かせてくれる。

いろいろ聞かせてもらったのにすぐに書き留めて記録していないので残念ながら思い出せない。

弟さんご夫婦は大阪に暮らしているけれど、もっと年をとったら四国に帰って来るつもりと、やはり郷里の懐かしさを語っていた。

夫人も立江寺の近くから嫁いで来られたらしい。

綺麗な方で私と同じ年配だった。

綿貫さんが着いたら五人で一緒に食事をしたいと思うほど別れにくかった。

お姉さんに当たる方が別れ際に私の手をしっかりつかんで、

「くれぐれも奥さん気をつけてね、頑張ってね」

と励まして下さる。

どう考えても他人とは思えない手の温もりと力の込めようだった。

母だったのかも知れない。

いつ思い出しても懐かしく、涙が出そうになる。

高台にある宿舎から、そうとう遠くまで見通せる車道を車が豆粒になって見えなくなるまで見送った。

あれだけの道のりを、綿貫さんは歩いて来るんだ。大変だなぁ、（自分だけ車に乗って、悪いみたい）と申し訳ない気がする。

部屋に落ち着いてから、

「どうぞ綿貫さんと一緒に夕陽が拝めるように、無事進めて下さい」

と祈って待った。今度は、私が、

「早かったわねェ、もう着いたの？」

と、びっくりするほどだった。

「うん、石綿さんが待っていると思ったら、早く歩けたのヨ」

「そうよ、祈っていたからねェ……」

お陰で夕陽が一緒に拝めた。

夕食は食堂で頂く。明日は早立だから、このご飯をおむすびにして持って行こうということになった。

少々気が引けて、

「私の方は見られてるから綿貫さんやって」

と頼んだ。彼女も、もじもじしているので、

「聞いてくるわネ」

と思い切って、

「明日の朝早いのであのご飯、おむすびにさせてもらってよろしいでしょうか」

と尋ねた。

「どうぞどうぞ、じゃサランラップが要りますねェ」

とあっさり、了解された上ラップまで頂き、有り難く感謝だった、合掌。

横波スカイライン

十一月二十一日　木曜日（十八日目）

朝七時五分に出立。国民宿舎「土佐」を出る。

昨夜作ったおむすびは、やはりそれを頂いてから出ることになった。

使命を持った同志のように快調な出足でスタスタと歩き出す。

行けども、行けども車道で、時々はそれぞれ自然の中に入って小用を果たす。

そしてまた横波スカイラインを歩き続ける。八時七分に帷子崎の見晴台で一休み。

案内表示を見て、私が、

「あら、横波県ってあるのねェ」

と言った。

「知らなかった、初めて知ったワ」

しばらく綿貫さんは黙っていた。そして、

「ヤァネェ、横波県立自然公園じゃないー」

二人で大笑いしながら、おやつを食べたり、汗を掻いたので薄着になったりしてまた歩き出す。

本当は心地よい疲れとこの絶景を前にして、暫くは動きたくなかった。

それでも「山は早く下りないと」との綿貫さんの指示に従う。

八時五十分に、子供の森に着いて休憩をとる。中浦バス停にて中食。

ここで綿貫さんには先へ行ってもらった。

私はバスのつもりだった。ところが歩いていれば途中でもバスは乗せてくれると聞いて、続いて歩き出した。

お店を出てみると、だいぶ向こうに綿貫さんの姿が見える。

見える程度の距離は守るつもりで、自分なりに歩いた。

振り向いて私も歩き出したことに気がついてから、綿貫さんは時々振り返る。

私が見えると進みにくいのではないかと思って、暫く座って見送り、見えなくなってから歩き出すことにした。

途中、セメント会社でお手洗いを拝借する。

私に同行のお大師様が見えているように、丁重な守衛さんに恐縮した。

初めは綿貫さんを見失わないように付いて行こうと思ったけれど、だんだん幅が広がって来たので、無理をしないでお大師様と歩こうと思った。

オダイシサマ！　オダイシサマとお杖をついて調子をとりながら、鈴の音も弾んでくれる。

私の人生の師、古川千恵さんからはいつも『自分から動かないこと、神様を先に立ててそれに従うこと』と教わっていた。

鈴の音はお大師様が、その調子、その調子と喜んで下さっている。そんな気がして（古川さんこれでよろしいですね）と言いながら、古川さんと歩いているような気分にもなった。

桜川を渡った所で格好な場所を見つけて一服した。

先の方にある工事現場に来た青年が、缶コーヒーを持ってきて、

「飲んで下さい」

とお接待下さる。とても美味しかった。

お礼にお札を渡すと、

「大切にします」

と神妙に受け取り、

「頑張って下さい！」

と行く道をしっかり教えて下さる。心温まり、お腹もしっかりして、合掌。

お陰さまでまた元気に歩き出す。

暫く行くと、須崎の近くで喫茶店から綿貫さんがヒョッコリ出て来た。

「アラ、ここで休んでいたの」

「そろそろ追いつくかなぁと思って出てきたのョ」

と間の良さにびっくりした。

「何食べたの」

「ジュースのんだのョ」

等と、ここまでのお互いを語りながら、

「私はガソリンスタンドでお手洗い借りたのョ、石綿さん会社に行ってたでしょう。見てサァ、どこに行くつもりかと思ったワ」

「そうね、歩いていたらガソリンスタンドもあったわね」

とまた二人で歩き出す。

須崎に入って、綿貫さんも私が約束してお訪ねすることになっていた佐々木さんのお宅への道を地図で探して下さる。

すぐ近くまで来て二人は別れた。彼女は予定の宿へ進んだ。

私も同じ宿のつもりだった。

ところがお互い気にしながらも、綿貫さんとはここが触れ合うことの最後になった。

綿貫さんと別れて後、二人の道行く方に教わりながら歩く。

すぐに佐々木さんのお宅が見つかった。

日取りも時間も、須崎を通るという連絡を入れていないから仕方がない。

けれど玄関が開いているのに出て来られなかった。裏の方で工事の音がしていた。

近所の方に尋ねてみると「居る筈ですヨ」と言われる。

待つことにした。が、二十九キロ近くも歩き続けた身体は宿に落ち着きたくなった。

玄関にメモをはさんで出る。

畑仕事をしていたおばさんに、宿の場所を尋ねる。

「一人で歩きょんなさる、よほどの願いごとでも」

と聞かれる。

「前から憧れてはいたんですが、主人が無事定年退職出来たので、そのお礼参りさせてもらっています」

じっと私を見ていた。それだけではなかろうと言わぬばかりに、

「それにしても憧れくらいで来て、歩けるの一人で！」

「それが気楽に来たつもりなのに、何か涙が溢れて溢れて仕方がないんですヨ」

すると、

「そう、そうでなくちゃぁ、それなら良い、うん、それなら良いヨ」

と安心したように頷いた。

丁度そこへ穏やかな男性が通りかかった。

この方は私と同じ年で、池田正夫さんとおっしゃる。

「歩きですか、この春、僕も巡って来たんですヨ」

と言われた。

「アラそうですか」

友達に逢ったようにホッとした。

「僕もお接待を受けました。家に寄って下さい。お接待させてもらいたい」

と誘って下さる。

本当はすぐにもお言葉に甘えたかった。

それでも宿で綿貫さんが待っていると思っていたので、厚かましくも、

「明日、伺っても宜しいでしょうか」

と尋ねる。池田さんは、お連れの方もご一緒にどうぞと言って下さった。

「それは構いませんけど、明後日は朝四時から山登りに出かけるんで居ないんですヨ。女房は八時頃までは居ますけど、それでも良いですか」

「かまいません」

「それなら僕が居なくても朝ご飯食べていって下さいネ」

「はい、有り難うございます」

「じゃ、場所知っていますから」

と宿まで案内して下さった。

畑仕事の手を止めてもらったおばさんにお礼を言ってお連れ願った。

綿貫さんに急ぎ伝えようと気持ちが弾む。

宿まで送って下さった池田さんへ有り難く、感謝。

おかみさんに、

「綿貫さん着いていますか」

と聞いた。とっくに着いている筈なのにまだとのこと。

「あれェ、ここじゃないんだァ」

と言ったらあっさり、

「ええヨ、そっちの連れの人の方に行っても」

もうこれ以上歩けなかったので、

「いえ、泊めて下さい」

と言って履物を脱ぐ。

明日、池田さんにお接待を受けるので、今までのものを清めなければと思った。

久しぶりに全部洗濯する。二枚のセーターも洗い、おかみさんも手伝ってくれる。

夕食は工事現場の人達と一緒に食堂で頂いた。

魚の煮付は顎が落ちそうなほどで、美味しかった。

おかみさんは佐々木さんをよく知っていて、電話番号を教えて下さる。

早速、電話を入れてみた。玄関にメモが入っていた事に気付いて残念がっていたとの事。やはり、家の裏に居たらしい。工事の音で聞こえなかったと説明された。

この日は三十キロ以上は歩いたと思う。

綿貫さんに電話を入れる。

「折角で悪いけど先を急ぐから、石綿さんはお接待を受けていって」

と辞退された。少し残念。

十一月二十二日　金曜日（十九日目）

七時前、部屋の窓から山の端に登る朝日を拝んだ。

宿のおばさんに曲がった腰が伸びるように祈る事を約束した。

十三番大日寺で出会った方で須崎を通る時はぜひ寄ってくれるようにと誘って下さった佐々木さんのお宅へ着く。

のんびり歩いて十時前に着いた。

近くを通りかかったおじさんにジュース代なり御喜捨を頂く。

お花を持って帰ってきたご主人に呼ばれて佐々木さんのお宅へお邪魔する。

立派な住まいに、ゆっくりくつろぎ幸せそうなご家族の写真等拝見する。

夫人は、

「何か言いたいことがあったら電話頂戴」

と言われて、ご主人には、

「今夜はうちに泊まれば良いのに」

と何度も誘って頂いた。

お昼はご馳走になって娘のように心配され、里心つきそうになった。

心残りしながら暇乞いする。

一時近くに約束の場所で池田さんにお会いしてお宅へ伺う。

荷物を置いて番外札所の大善寺と、はりまや橋でお馴染みのお馬さん（女性の名前）のお墓にお参り出来た。

お寺では年に一度という大供養が執り行われていた。

気が付いたらこの日は十一月二十二日。石綿の義兄の祥月命日だった。

今日のこの日を自分で指摘した厚顔しさは、これがあったからだと思った。

ただ、お導きと有り難いばかり、亡き義兄にも励まされた気がする。

池田さん有り難うございました。

春にお四国をひと周りされた池田さんは、好意を無にしたことだけは悔いていると、歩きで通した結願の目出度さに、心を残すものはこれと聞かされた。

本当に大切なことを教わった。

また重宝したという案内書を頂く。

素敵なお風呂へ入れてもらって、奥さんの手料理がまたもったいないほどだった。

明朝早立ちの山登りがあるにもかかわらず、お二人とは話が盛り上がり、お酒までご馳走になって熟睡した。

十一月二十三日　土曜日（二十日目）
早朝四時に出立の池田さんを見送る。後ろ姿に合掌。
お言葉に甘えてゆっくり朝食をご馳走になり、お弁当まで頂いて七時四十五分お暇する。
奥さんから、

「無事結願を祈っています」

と励まされて七子峠に向かう。

少し行った所で、忘れてきた水筒を届けて下さった。

私の心が残っていたと見える。

角谷トンネルから焼坂トンネルへ

須崎から新荘川を渡り、角谷に向かう。

道中、いろんな方からトンネルは嫌だと聞かされていた。

いよいよ私も角谷トンネルに差しかかる。

入口に来た途端、ポーンと風に押された。そしてそのまま風が私を走らせた。

五百メートルほどの中を走り抜けた。

(アラ！　もう出た)トンネルの中の追い風は強いのなんのと思ったほど早かった。

私はトンネルの中が嫌いかどうか分からない内に出てしまった。

暫く歩いて、今度は焼坂トンネルに近づいても又同じかと思って入って行った。

排気ガスを吸わないように口を塞いで歩いた。

今度は走らない。普通に歩いた。それが車は頻繁に通るのに、自分のぐるりは何か別の世界があった。お大師様空間のようなものに守られていたのである。

そして又、苦しいと思わない内にトンネルは終わった。

人があの道は良いとか、この道は歩き易いと言っても、そこが私にとって怖かったり、きつかったりすることがある。

つくづく、それぞれに感じるところは違うんだなぁと思った、合掌。

七子峠

池田さんの奥様に頂いた大きなお弁当をお昼に平らげた。

これから峠に差しかかるが、気が進まない。

行く手をじっと見て身仕度をして歩き出す。途中、

「岩本寺へはこの道で良ろしいでしょうか」

と畑仕事をしていた女性にお尋ねする。

その方は不機嫌そうで、私の事を心配している様子だった。

「車道を通りなさい、車道を通るがいいヨ」

ときついくらいに念を押された。

「ハイ、そうします」

と頷き、そのように歩き出す。

だが、そのように歩いたつもりだったのに、気がつくと行くなと言われたへんろ道の方

に、進んでいた。

人家が三軒、二軒と少なくなりそのうち一軒も見えなくなる。

測量している人たちが居たが、この方たちは道連れにはなりそうもない。

（誰か同じ方向に行く人はいないか）などと空しい期待をして、足はへんろ道へどんどん入って行く。いやな予感を味わいつつ……。

車道に向かっていた筈が（なぜこっちに来るの？）と自分の足に聞きながらも、足早になって恐さが速度をいっそう早める。

もう引き返せない。用意してきた手作りのへんろ道のマークを所どころに結び付けて歩くうちに、その都度身が軽くなり、足が早くなることに気がつく。

しっかり『南無大師遍照金剛』とお杖を突く。

山道は特にマークが見えるとホッとするので、持参のものを五枚ほどだったかをしばり付けて歩いた。

なくなってもここに欲しいなあと思うところには、生えている太い竹に『南無大師遍照金剛』と赤いマジックで書き込んで歩いた。

後から来る方たちのためにも……。

そのうちに他人のことより自分のことが心配になって歩きに没頭する。

登り始めてからは、明るいうちに峠を越えなければ山の中で陽が暮れてしまった舎心山での時のことがあるので急ぐ。

ベンチがあると（こんな所で休む人居るのかしら、気が知れない）と思いながら次第に『南無大師遍照金剛』を連発して小走りになる。

あと何丁、あと何キロメートルの道しるべにも（だから何なの）と言いたい気分でだんだんに何で私がこんな所を歩いているの？　と思い始めた。

時々出る疑問がまた出てきた途端、来ているのは夫の魂だと思った。

本当に来たかったのは夫の方で、身体は私がここを歩いているのだわ。

もォー。何ということか、自分で来て歩けば良いじゃない……。

私ばっかり。誰がこんな所を歩きたいと言ったァ。等の内なる声と、『南無大師遍照金剛』の表の声でリズムを取りながら。

だいぶ慣れてきた頃だった。フッと『私がついているのに恐いのか、南無大師遍照金剛は恐い恐いの真言か、仏は安らぎではないのか、お経を届けるのは喜びではないのか』と。

（お大師様に諭されている）そんな気がした。

ああ、そうだった。仏は慈悲なのに喜んで同行二人でなくて何のお仕えか。

途端に恐さが消えて気がついたら（晴ァれた空ァ、そォよぐ風ェー）と歌っていた。

有り難く、有り難く、嬉しい『南無大師遍照金剛』になった。

間もなく木々の隙間から青空が見えて来た。

何度か一休みした急なところを、峠まで後五百メートルの標識を見つけてからは一気に登り、私にとって険しい七子峠を越えることが出来た。

時刻は十四時三十分になっていた。

そして最初に目に入ったのは『お食事処ジュンちゃん亭』という大きな横書きの看板だった。そうか病んで床についている従弟の順ちゃんも一緒に登ってくれたのだと胸が一杯になる、合掌。

〔七子峠を越えて〕

喉が渇いてきた。茶店でアイスクリームを食べる。

もうこれ以上歩きたくなかった。

店の人に聞くと、次のバス停まで十キロほどあるとのこと。

丁度、車で一人の女性が店の前まで乗り込んで来た。

足摺岬の方に里帰りするというので、

「済みません、三十七番まで行きたいので乗せて頂けませんか。お願いします」

と頼み込む。

途中「トイレは良いですか」などと聞いてもらって恐縮した。

十三キロほど先の岩本寺のすぐ近くまで運んで頂いた。

車より降りた所にある病院から出てきた人に、道を教わった。

多くの感動の中お四国での最高の感動。

それは己ずから体験し、金剛福寺の山門にて確認出来た、まさに叔母からの年賀状に書いてあった、「思うように行かない有り難さに感謝」であった。

「巡礼に御報謝！」

これが言える様になるまで心を砕き、魂を練って歩け！　と私は声を大きくして言える。

それこそが般若心経空の姿であり、体験した者にしか分からない歓喜であると、合掌。

三十七番岩本寺より

十一月二十四日　日曜日（二十一日目）
六時からの勤行にお寺まで宿から出かけた。
まだくっきり月が見えているほどに暗いが、清々しい朝の霊気だ。
門前で参拝して奥の本堂に向かう。
そこに来て胸が一杯になった。
アッ、三明院住職が居る。（古梶さん！）
本堂の前に古梶さんの影を見た。この影に続いて本堂に入る。
すでに始まっていた読経の中にこの影は消えていった。
遍路を思い立った時も、道中も相談してその報告を入れながら歩いて来た。

案じてもらっているのだ。

こうしてあなた、こなたのお陰で歩いて来れた。

土佐くろしお鉄道の窪川駅に向かう。

道々、昨日通った七子峠で気付かせてもらった事を思う。

苦の世界から喜びの世界への切り替え、火宅の世界に居て静寂の世界を感じる。

これは大自然や生命等、宇宙の真理に気付いた時に起こる変化だった。

十年ほど前、古梶さんに、

「吐かないと貴方は死ぬよ」

と言われた。真髄をつかれ私を見抜いていると思った。

「精神的に病んでいる人は、呼吸が上手に出来ない」

と聞いたが、それ以来吐かせ方を教わっていたのだと分かってきた。

私に好きなだけ語らせる。その間、「うん、うん」と頷いている。

時々「そうやなぁー」と、それくらい言ってクスクス笑ったり、私の口から真理が出たとき、その時にすかさず「ソレ！　ソコが大事」と決める。

自分で気付くまで喋らせている。

これはなかなか出来ない事だと思う。

結局、私は自分で吐いてしまうことになるから、すっきりして空っぽになる。

そのため、暫くは無になれる。次の煩悩が出てくるまで、そして、

『無になることが、因縁を切ること』になると教えられた。

駅に着くやいなや電話を入れる。三十七番まで打ったこと、教えに気付いたこと、岩本寺で魂に出会ったこと等報告する。

「そうか、そうか、もう止めて帰るかと思っていたのに、まだ歩いているのォ、寒くなってくるから気をつけて無理せんで。そうか、三十七番まで来たのか、お目出とう！」

と求聞持行を五度、八千枚護摩行も修めた住職に誉めて頂いた。

言葉に詰まって有り難い涙が溢れる。

御坊はお大師様と同じように舎心山を第一の修行の場とされた。

そして三度目の行を終えたその第一声は、

「始めもない、終わりもない、ただ今があるだけ」

のお悟りであった。

同じような世尊の教えに、

『一大事と申すは、今日ただ今の心なり』

を思い出す、合掌。

窪川駅で出合った岩手の巡礼姿の青年僧西野照隆さんと同乗した。お父上に伝受されたと言う、野犬に囲まれた時は、杖を犬の眉間《みけん》に向けて構えて突き殺せ。杖を振り被ってはいけない。野犬は振り被る隙を狙って飛びかかるからと、私にも教えて下さる。中村まで

第三十八番　金剛福寺

御一緒した。乗り場や時間を調べて、バス停まで送って下さる。人なつっこさに温められた。お陰で充電されたように、又一時間半ほど歩きで進む。中村プリンスホテル前よりバスに乗る。

三十八番の足摺岬に。一時半頃着く。

見晴し台にも行き、ゆっくり見物出来た。

〔お四国で気がついたことの一つ〕
「過分な幸の後は、それを活かすための試みが待っている。それを立派にこなすことが出来た時、また必ず癒される慈悲が待っている」

お大師様の左手

三十八番のお大師像だったと思う。

ここで左手に目が向く。

そしてお大師様のようなお方でもそうなのかと鉄鉢を持った姿に見入ってしまう。

その左手をじっと見ていると、お杖を持った右手がさらにビシッと決まって見える。右手の金剛杖は高い志、その信念が強ければ尚更にお鉢を持つ手は貴く、この身体は人の情けに縋って歩く。

志が高いほどに情けを乞うことが出来る。

そして、その姿は低く深い。私はお大師様ほどの方がもの乞いをすることにとても感動する。

托鉢をしている像を拝む時、私の合掌の手はその左手に向いていた。

どうして重たい鉄のお鉢なのだろう。木の鉢だとばかり思っていた。

しばらく托鉢の御姿を見つめる。

鉄の鉢とは人の情けの重たさをより知るためであろうか、真心を軽んじてはならぬお諭しであろうか等と思いつつ、左手を拝む。

熱い思いが込みあげて来る。またしても……、合掌。

私の托鉢

十一月二十五日　月曜日（二十二日目）
サアーとばかりに今日の気分は充実している。
しっかり歩くつもりで、三十八番金剛福寺の山門を出る。

金剛福寺　山門前

ところが、道路まで出たにも拘らず、足が三十九番に向かって進まない。
ただ、そのあたりをうろうろするばかり。
気は逸っているのに歩き出さない自分が不思議でならない。
それならバスにしようと思って停留所に行ってみると、一足違いで出た後だった。
次の便はお昼近くで五時間も待つことになる。
エーッと思いつつも歩き出さずに、また山門をうろつく。
だんだん焦りだし、私は何のためにここに来たのだろうと、急にあれこれ考え始めた。
アッ、仏様が私を待っている。急いでお経を届けなければ……。
私は仏様にお経を届けるために歩いているのだ。
『仏法のことは急げ、急げ』と言うから、急ぎ届けなければと思った。
途端に乗せて頂けそうな車はないかと駐車場のあたりを探す。
丁度、山門のあたりで写真を撮しているご夫婦らしい方が目にとまった。
近づいて声を掛ける何秒かの間、先ず心を整えて……。

仏を汚したり、粗末になるようなことになってはならない。

「あのォー、すみませんがー」

などとオドオドしては仏が貧相になる。

仏のために土下座できる己であるかと内なるものを見据える。

信念のほどに杭を打ち、ただ一言で決めねばと全ての魂を傾けて、

「今度はどちらに行かれますか」

「三十九番です」

同じ方向だ、すかさず、

「便乗させて下さい！」

とお頼みする。

「良いですよ、サアどうぞ乗って下さい」

それはもうお互いに徳を高めようと萬感込めた結果だった。車中、

「今日は元気ですし、歩きたいのに、どうしても足が進まないのでお願いしました。こんなことってあるのですね」

と話す。そして三十九番延光寺では、

「本当にもう良いのですか」

と念を押されたが、

「充分です、お陰でもう歩けます。有り難うございました」

とお札を述べて先に行って頂く。

結願後、お名前とお所を伺っておけば良かったと悔やむ。

そう言っても四十番札所観自在寺へはやはりバスを利用することになったが、それからは、飛脚が足踏みしてお経を待っているように、次から次へと車のお接待を受けた。

上手な運転でその日は、空を飛ぶように四十一番札所龍光寺、四十二番札所仏木寺と続いて四十三番まで進めた。

後から駐車場に着いたマイカーの方は、

「同じ方向だと思って追いかけたけど早くて追いつかなかった」

と汗を掻いておられた。

参拝後、茶店ですでに決めてあった四十番宿坊に、キャンセル料をいくら送ればいいでしょうかと、通り過ぎてしまったので断りの電話を入れる。

「いいよ、いいよ」

と言ってもらってホッとした。

中村旅館に申し込むとそばに居た女性の方が、宿が取れたところを見計らって、

「送ってあげましょう」

とすぐ近くまで送って下さる。

横で聞いていた茶店の方が、自分の事のように、

「良かったね、良かったね」

と共に喜んでくださり、それもまた嬉しい事だった、合掌。

中村旅館にて

四十三番明石寺の近くの中村旅館に泊まる。

ご主人の満州引き揚げ体験記を感動と涙で一気に読む。

素晴らしかった。遍路と重ね合わせた、まさに人生遍路の見事な体験記だった。

十一月二十六日　火曜日（二十三日目）

六時四十五分出発、宿の主人が駅まで車で送って下さる。

卯の町駅で会った婦人から、行く方法を教えて頂く。

松山までの車中、身体が弱っていると聞いた。初めは、

「貴方の荷物になるから」

と遠慮されたが、

「別に負担ではありませんよ」

と答えて婦人の健康祈願を約束した。そして小銭がこれだけあるからと言って、私に
「四ヶ寺祈って下さい」と四百円渡された。

別れ際、涙を拭いていた。

「貴方が一人で歩く遍路が哀れで、それを思うと涙が出て仕方がない」

と泣かれる。私はそれを見て涙誘われた。婦人とお別れしてから、急に友達の声が聞きたくなって電話をする。私は泣いているのに、

「貴方の声がとても逞しく聞こえる。大丈夫だワ」

と励まされた。

和子さん有り難う。

『秋晴れて　哀れ遍路の　一人旅』

仏の慈悲

多くの方から受けた慈悲は、四十四番札所大宝寺の近くでお接待を受けた日野末吉文子御夫妻により感得させて頂いたと思う。

「お接待を受けないと罰金とるよ」

などと冗談をとばしながら、

「荷物をここに置いて先にお参りしておいで」

と言われてそうすることにした。

参道に入って行くほどに、霊気を強く感じる。

山頭火の句碑もあった。団体の世話役の方がいろいろ教えて下さる。

マイクロバスにもどうぞと誘って下さった。

有り難く気持ちだけ頂いて、参拝と納経を済ませて日野さんのお家に伺う。

奥の茶の間に案内された。上がり框で履物の紐を解いている間に、

「なんだ、おへんろさんが来るというのにこんな支度か、しょうが無いのォー」

と声が聞こえる。

私という突然の来客に、夫人はお困りだったのではないかと（遠慮すればよかったかナァ）と思いつつ上げて頂いた。

お膳の上はお昼には充分な支度が出来ていた。

また冗談まじりで、

「サァサァこんなことだけど、遠慮せんと食べて、遠慮したら罰金千円だから」

と勧めて下さる。美味しいと言うとご自分の分まで、

「これも食べて」

と勧められ、夫人はその度、私のために立ったり、座ったり。

召し上がれないほどで気の毒だった。

ご主人が私を饗なすために、夫人へポンポン当たる。

その辛さに目をそむけると、折角のご馳走が胸につかえる。

いろいろお話をして、ご馳走様をし、暇乞いをして履物の紐を結びながら、お接待の何

たるかを考えた。

日野さんの慈しみと、夫人の悲しみを合わせて飲み込まねばと思い切った。辛さを飲むことは難しい、それはそれは難しいことだった。それでも、この家を出るまでにやらねばならなかった。いやそれをしなければ出られなかった。

息の入りにくい新しい風船を膨らますように、内なるものへ気を吹き込んだ。とたんに胸につかえたものが落ちて、頂いたものがお腹一杯になった。

果物をたくさん持たせて下さる。

接待を受けないと取られる千円はこちらに御喜捨頂いて。

夫人はバスの時刻と間違いなく予定通りかを電話で確かめて、見送って下さった。

結願して帰宅してからまで、野菜を送って下さる。

家族で美味しい美味しいとご馳走になって、私は目から鱗が落ちた。

頂きながら歓喜に咽ぶ。

『日野さんの慈しみと、ご夫人の悲しみ』これを合わせて頂く、そこで初めて慈悲を受けることになるのだと思った。

自分の中で何かが大きく膨らんだ。

本当の幸せは犠牲が必ず裏づけされているという。

四十四番の大宝寺ご本尊は十一面観音様で、御真言オンマカキャロニキャソワカは（慈悲に帰依したてまつる）の意と知らされた。

丁度、遍路の真ん中だった、合掌。

四十四番札所の句碑

『朝参りは　私一人の銀杏ちりしく』とここに山頭火の句碑がある。

この句碑の前に立った時、これまで関心のなかった山頭火が、仏様とお大師様に繋がった。

十歳の時、御母上の非業のすがたを目のあたりにしたと知って、初めて山頭火の句が分かる様な気がした。

幼い魂がもうこの世には居ない御母上に寄り添って生きたのだと思う。

そして、『うどん添えて　母よ私もいただきまする』と詠み、成仏出来ようもない御母上の霊と共に、深い悲しみに沈みながらも、生きなければならない山頭火はその胸の内を『解くすべもない惑い』と詠む。

御母上を慕う悲しさと共に、その後を追った弟への慚愧の念は、放浪の厳しさで薄められただろうか。

私はお四国を巡拝していて、もしも途中で路銀が切れても、この足が歩き続けたらどうしようと思って、ゾッとした。

本当の遍路がここから始まると思った時、顔が硬張った。

自分が物乞いをしてどれだけ生きれるかだと思ったのだ。

一ト月余りの間に、一、二度、そんな恐怖を味わったことがある。

そして、山頭火四十八年の虚無感を思った。何という歳月。

『分けいっても　分けいっても　青い山』と詠み、内なる壮絶さは『炎天をいただいて乞い歩く』又『うしろすがたの　しぐれてゆくか』と詠んで、他からは計り知れないほどの、内なる世界を生きねばならなかった。

『若うして死をいそぎ給える　母上の霊前に　本書を供えまつる』と、句集の扉に記したと言う。

これを読むと、山頭火の金剛杖は御母上なのかと、思った。

高橋満利子さんの個展で、山頭火のお人形に出会った時、お大師さまみたいと思わず数珠を出して拝んだ。

尊いお方なのだ、熱いものが込み上げてきた。

御母上を慕い、生身の煩悩に苦しんで、句を詠み続ける姿に、多くの方の慈悲がかけられて、山頭火を支えていたように思う。

山頭火も、又使命があったのだなあと思ったり、仏の御心に叶ったのだと思ったりした。

そして又お大師様の鉄鉢をもった左手を思い出す、合掌。

日野さんに教わったバス停の渋草小学校前から一時二十分発。

四十五番岩屋寺へバスで向かう。二時ごろに着いた。

登り口にある宿は誰も居ないので、先にお参りに行く。

近所のおばさんが「泊まれるよ」と請け合ってくれた。

迫る石段を二十分ほど登る。

ここも強い霊気を感じる。お参りを済ませて下りの途中、私と同い年の男性の方が、何年か前に遍路に連れ出したお父さんをお寺で亡くされたと話していた。

「今も連れ出して良かったのか、自分が死なした事になるのかふっきれない思い」

と言って下りて行かれた。

その心残りがお父さんを偲び、巡拝を思い立たせるのかも知れないと思う。

宿の前でおかみさんが下山してきた私を待っていた。

宿を頼むと、それから部屋の用意を始め、たどんを起こし、お風呂を沸かしてくれた。以前、水炊きの用意までして待っても待っても、三人の予約に電話で断りすらして来なかったのにこりごりしたから、顔を見てからでないと動かない事にしたと説明していた。

「私が沸かすといつも熱くしてしまうから、早よう入って早よう入って、今入らないと熱くなるから」

とせき立てられて入ったところ、本当にドンドン沸いてくるのでそばの盥《たらい》に一杯とって、水を薄めてたっぷりのお湯につかった。

良い気持ちだった。久しぶりに歌謡番組をゆっくり見て休む。

早朝のバスを見送ってもらったおかみさんに会いにまた岩屋寺へ行きたい、合掌。

手の甲

子供の頃、お膳に直って「一粒、一雫皆御恩なり、不足言ってはもったいない。粗末にしては相済まぬ。深き恵みのお養い、感謝で美味しく頂きましょう。頂きまぁーす」と従妹達と唱えてから食していた。

父方の祖母が孫達に仕付けた祈りの言葉を思い出す。

大宝寺の総代さんに伺った（巡礼に御報謝―）と托鉢の時、手の平でなく、手の甲を上に向けて出す人のことを聞きながら、自分で手の甲を前に出してその上に、一握りのお米を乗せて頂くことを想像してみた。

手首から指先まで全ての神経が集まった。一粒も落とすまいとして頭陀袋にそォーッと運んで入れるまでお米が手の甲に乗っているつもりで、その所作をしてみた。

なにか深く熱いものを感じる。

母方の祖母は「御飯粒がお茶碗にまだついているゾ」とか「醤油をあまるほどお手塩《てしょ》（小皿）につぐもんはバカじゃ、一滴でも粗末にすることたァならんゾナ」とやかましかった。あの声が懐かしい。

次の日、又思い出して同じようにやってみた。人の情けを一粒たりとも疎かにしないように決してこぼすまいとして、手の甲に乗ったお米を袋まで運ぶ、そこに金剛杖が重なって観えた。

手の甲こそ金剛杖、人の情こそ志、身体と知慧が一つになった。

志が高ければ情に縋れる力が沸いてくる。慈しみは身体を満たす。そして悲しみこそが前進する力となる。

又、より多くの情に縋れるほどの高い志を持つことが大切である。お大師様の左手に続いてさらにこの考えは私の中に動かぬものとなった、合掌。

抱っこ大師

十一月二十七日　水曜日（二十四日目）

四十六番札所浄瑠璃寺へ向かう途中、松山の方に出てしまった。道を間違えたので、へんろ道保存協力会へ電話で尋ねた。

タクシーを使う方が早いと教わる。雨も降り出したのでタクシーで進む。

しとしと降る雨の庭が風情をそそって、こじんまりと落ち着いたお寺だった。

珍しいものがあった。『抱っこ大師』という木の赤ちゃんのお人形がある。

抱いてみて欲しくなったが、お臍の緒もついていて、抱いたまま持って帰れないようになっていた。

抱いたとたん、熱く込み上げて涙が溢れた。

泣いて、泣いて抱きしめていた。

拝むお大師様は有り難い。けれど、抱けるお大師様も有り難くいとおしい。

木のお大師様を抱いて、あれほど涙に咽んだ。暫く考えた。どうしてこんなに涙が出るのだろう何故だろうと。そうか、私も仏様に抱きしめられているのだと思った。

お臍の緒を切るわけにもいかず元に戻して四十七番へ向かった。

思い出せばまた感涙に浸ってしまう、合掌。

久しぶりの雨の中、強い降りではないが、四十七番八坂寺を打って、四十八番西林寺へ向かっている途中、新居浜市の佐尾さんにお車のお接待を頂く。

四十九番浄土寺、五十番繫多寺、五十一番石手寺、五十二番太山寺、五十三番円明寺と、この日もお陰さまで十五里ほども進めて頂く。

五十一番札所石手寺へ佐尾豊さんご夫妻にお連れ頂いた時に、このお寺がとても好きで泊まりたいと思った。

まだ早いので五十二番、五十三番を打ってきますからと予約した。続いて佐尾さんの車に便乗させて頂く。

帰りも市駅まで送って下さる。お昼もご接待頂き、

「新居浜を通るときは家に寄って下さい。先の方にまだ打っていない所があるのでご一緒しましょう」

と誘われた。夫人から、

「お供させて下さい」

と言われた。この言葉には畏れ入って、徒や疎かには出来ないと気持ちを引き締めた。

佐尾さん御夫妻と別れて石手寺に向かう。

電車の中で、隣に座っていた方にバスの乗り場や道後温泉の事を教わった。

バスが出るまで付き合って下さる。そのお気持ちに温められた。

神野一代さん。この方より思いがけず山頭火に繋がる御縁を頂くことになった。

石手寺の素泊まりはお寺からのお接待だった。

部屋は百三十畳ほどの広間で、この日は泊まったのが私一人だった。

自分でも肝の太い女だと思った。

お坊さんにも「道後温泉に入って行けば」と勧められ、翌朝焚火を囲んでいる方達にお世話になったお坊さんへのお礼の言葉を託して、六時半からの道後温泉でゆっくりした。

家に電話を入れる。

「百三十畳の広間に一人で寝たのよ」

息子も、

「へェー…」

と吃驚して笑った。

「スゴイネェー」

男湯のれん

十一月二十八日　木曜日（二十五日目）

早朝六時半からの温泉に向かう途中、もうすぐの所でいま上がったばかりのように湯気の出ている顔で、気持ち良さそうにこちらに向かってくる男性に出会った。

「この建物が道後温泉ですか」

と尋ねると、

「うん、そう」

と応じて行きかう。

お杖をしかるべき所に立てかけて、木戸に行き入場券を買った。

初めは入浴券だけにした。

女湯とのれんの掛かっている方を見ながら進んだ。

ひょっと左の方を見ると、

「アラ、可笑しいわネ、どうして？」

と思った。

先ほどの男性がニコニコ笑いながらこちらに向かってくる。

その奥に『男ゆ』ののれんが掛かっている。

（いつの間に私を追い越したのだろう。別の入り口があるのかなあ）とても不思議だった。それに（上がったばかりだったのでは？）と狐につままれたようになって、『女ゆ』ののれんを潜った。

本当に良い気持ちで温泉にとっぷり浸かった。

初めからそうしておけば良かったのだけれど、券を買い直して二階に上がってみた。

お茶と坊ちゃんだんごと浴衣が出された。

昨日のお接待に頂いた果物を朝食代わりにして、今日の予定を立てた。

ゆっくり休んで身仕度をした。

下に降りて出口に向かう途中、また男湯の方を見た。

「アッ！」急ぎお杖のところに行き、

「済みません、お先でした」

と詫びた。

「どうぞ、こちらです」

と男湯ののれんの前まで案内した。

自分だけ温泉に浸かって来たのだ。ニコニコ笑いながらこちらに向かってきた男性の事を思い出す。

お大師様も温泉でゆっくりしたかったのだなあと思いながら、廊下の長椅子でお待ちした。

私は食堂に行く時は部屋に立てかけてあるお杖に向かって、「お大師様、お食事でございます。こちらへどうぞ」と案内して行く。時々、忘れて声を掛けずに行くことがあるが、座った途端思いだして急ぎ部屋まで迎えに行く。

忘れた時は決まって戸が開けたままになっている。

田中八重子さんと娘さんのお接待

昨日のうちに五十二番、五十三番のお参りを済ませているので、市駅から路面電車で行き、バスに乗り換えて今治に向かう。

バス停から暫く歩いて五十四番延命寺に着く。

参拝後、人生の岐路に立ったので、これからお遍路に出たいと思っているという女性に会う。必需品の参考意見などを教える。

この日も晴天のお遍路日和、暫く長閑な気分を満喫して歩いた。

一キロも進んだかと思うあたりで、前から来た二人連れの車が止まって、降りてきた婦人から、おみかんのお接待を頂いた。

もう一人はその方の娘さんだった。

逆の方向だったのに、私を次の札所まで運んで下さる。

参拝と納経を済ませてリックに納経帳をしまっていると、

「今日は行ける所までお連れします」

と予定を変更してまで、次々と運んで下さった。

その早いこと、まさに宙を飛ぶようだった。

「私らが待っていると思って、お経を短くしないようにしっかり唱げて下さいネ」

「はい、有り難うございます」

「そうでないと、お連れしたことが何にもならないから。決して気を使わんで下さいヨ、娘にも言うたんです。あの人を見てみい、真剣に拝んどる。こんな人はしっかりお連れせないけんて。そやから落ち着いて唱げて下さいヨ」

ジーンと有り難さが身に沁みた。

五十五番南光坊、五十六番泰山寺の間に高野山今治別院がある。

ここにも寄って下さる。

五十七番栄福寺と五十八番仙遊寺との間に犬塚池がある。この池には伝説があった。かって仙遊寺と栄福寺は一人の住職が兼任していた。その為住職の身体がもたないので、寺間の連絡は利口な犬が手伝っていた。

寺の鐘の音が聞こえる方へ、犬が駆けつけ、手紙を銜《くわ》えて、もう一方の寺へ届ける。ある日、二つの寺の鐘が同時に鳴ったのである。どちらに行けば良いのか迷い悩んだのであろう、苦しんだ揚げ句、その中間にある池に身を投《な》げてしまった。

この犬を哀れんだ村人が、犬塚を設けこの池を犬塚池と名づけた。と言う。これを知った私は、犬の純粋さに心打たれるのだった。

五十八番の仙遊寺に行った時だと思う。霊験あらたかなものをとても感じた。

淋しい感じのお寺だった。

「イヤだなあ。どうして仏様はこんな淋しい所に居るんだろう。私はこんな所二度と来ないワ」

と思った。

途端に、何故か転ぶ筈のない所で転んでしまった。

仏様だってこんな所に居たくないのではないかと思い、「おいで！」とばかり仏様を背負って、人里に連れて下りたい気持ちになった。

仏様は本当は私共のために、誰よりも辛い所に居て、愛別離苦の悲しい衆生を慰めて下さるのだろうかと思ってみた。

キューンと胸が痛くなる。ただもったいないばかりだ。

心で詫びる。「こんな所再度と来たくない」等と至らぬことを申しましたと。

更に、五十九番国分寺を打って、六十番横峰さんは後回しにした。

それより手前にある六十一番香園寺へと運んで頂く。

朝のうちに行く筈だったというお不動さんにもお連れ下さった。

滝の下まで水を取りに行って飲ませて下さる。

足元が不安定なので手前の石の上で受け取った。

私をここに連れて来るために出会ったような気がした。

だんだん薄暗くなるので、私は有り難いけれど今度はお二人の帰りが遅くなることを思うと、それが気になる。

予約ナシだったけれど宿坊がとれた。

お二人もそれを見届けて安心された。記念にと娘さんとお揃いの可愛い鈴をお接待下さった。

娘さんはなかなか会えない孫に似ていて、孫に寄り添うてもらっているようだった。

番外にも寄ったので、娘さんには五十キロくらい進めて頂く。

別れがたい。あちらは、

「入って下さい」

こちらは、

「もう行って下さい」

とお互いに別れを惜しんだ。

家に電話を入れる。子供達は母親の進みに吃驚して、

「ワァーそんなに進んだの、スゴイネー」

と感心していた。

電話を入れるたび感心されたけれど、自分では（鉄砲玉みたいかなあ）と思った。合

掌。

十一月二十九日　金曜日（二十六日目）

六十一番札所香園寺。

ここ香園寺で奈良から来た田中幸子さんと道連れになり、三角寺までご一緒する。六十二番宝珠寺、六十三番吉祥寺、六十四番前神寺と、途中タクシーを拾ったり、電車に乗ったりした。

伊予西条から伊予三島までの車中、駅のベンチにお杖を忘れて来たことに気がつく。田中さんが車掌さんにお願いして下さる。

次の電車で届けて下さるとのことなので、伊予三島の駅で待つ。

その電車が到着してお杖を渡されたが、どなたも親切でとても有り難かった。

香園寺のお接待で頂いたお弁当を、二人でお昼にした。

大きなおむすびが入っていた。その夜と次の朝まで三度に分けて頂けるほどたくさんのお弁当だった。

六十番の横峰寺へ進む。田中さんとご一緒だったけれど、タクシーに乗っていても、とても難所に思えた。

何度もヒヤッとした。運転もたいへんそうだった。

タクシーの行き止まりで降りて、あとは歩いて下に降りる道だった。

ここでも霊気漂うものを感じた。

三番目の関所になっているこの横峰さんは、悪い事をした人や悪心を持った人はここから先へ進めないという。

六十一番札所で会った高橋正親さんからゾオッとする思いだったと聞かされていた。

もっとご一緒出来れば良かったのだけれど、六十五番三角寺で奈良の田中さんとお別れした。

二つ飛ばして六十八番札所、六十九番札所は同じところにあるので一度に打てた。

神恵院、観音寺である。

ここで雨が降りだし、宿に着くまでの間ずっと降られた。

三十五日間で雨に降られたのは三日間だけだった。

観音寺から宿までの一・七キロは強い風とドシャブリの中を歩いた。

明日のために、洗濯機を借りて一式洗って部屋の暖房で乾かした。

明日は一番高い場所にある札所。また関所でもある雲辺寺に参るので、構えて当たらねばと心した。

夕方七時からのＮＨＫ教育テレビを見た。

取材された自分の出演する番組を待つのに神妙だった。

自分が出てきた。

「私だわ」と歩いて来る自分を見ながら何故か涙が溢れた。奇しくも今日二十九日は、父

第六十六番　雲辺寺

方の祖母、母方の祖父、そして我姑の命日だった。
思ったより落ち着いて見えた。日に焼けてモンゴル人のような顔になっていたが満足だった、合掌。

十一月三十日　土曜日（二十七日目）

宿から観音寺駅まで歩き、駅員さんに尋ねてみると、「皆ここからタクシーで行くよ、そおしィ」と勧めるのでタクシーにした。

登り口で待ってもらってロープウェイに乗った。動き出してから雪が降りだし、外は幽玄の世界になった。

自分は上に昇り、雪は自分の下に落ちて行く。天界に昇って行くような仏の世界に近づく気分は畏れおおい。

また涙が溢れて手拭いが絞るほどになった。

一番乗りの六十六番札所雲辺寺。

雪のしんしんと降る中を歩く遍路は別世界だっ

た。

静寂の中、とても深いものを感じながら。これを表現する言葉を知らない。誰もいない雪が降りしきる中、一人遍路の自分だけがいる神秘的な世界だった。通った後も降り積もるので足跡が消える。

このため、帰りには右と左を間違えて展望台の方に行ってしまった。ヒヤッとして急いで戻り、ロープウェイ降車口にやっと辿り着いた。とても良い日にお参り出来たと感謝。

初雪の日に登れるという事はとても幸せなことだった。

下に降りると晴れて雪雲が黒く山を覆っていた。四国新聞の方にお願いして自分のカメラで写真を撮してもらった。お礼にお札を渡した。

六十七番大興寺に向かってもらう。前日に六十八番・六十九番は済ませているのでそのまま七十番本山寺に進めてもらう。

七十番を打って七十一番へ進む。


『初雪を　いただいて行く　礼所かな』

『初雪を　一人踏みしめ　遍路ゆく』

『雪化粧　されて遍路や　一人行く』

『雲辺寺　一人遍路や　雪景色』

二人目の先達谷川一郎さんとの出会い

七十一番弥谷寺で谷川さんと出会った。

ここの仏様は履物を脱いで拝みにいく所にお祀りしてある。

納経を済ませて履物の紐を結んでいるところへ彼も下りてきた。

「歩きですか」

と会話が始まり、

「僕は三回目なんですよ。道は判っているしこれから暫くは間隔の短いところが続くから歩けますよ」

丁度タクシーをやめて歩きたいなァと思っていた所だった。

「そうですか」とその時は素直に歩き出した。

それでもこの方は男性だし、このままお連れ願っても良いものか、宿に着いてから経本を開き、七十一番のご詠歌を読んだ。

『悪人とゆきつれなんも弥谷寺　ただかりそめも良き友ぞよき』

とある。

御仏のお示しに思えた。この方はお大師様の化身なのだと思い、お供させて頂くことにした。

彼はご夫人を亡くされてから菩提を弔うため、今回で三度目を周っていた。

私は夫が四月に無事定年退職出来たそのお礼参り。

お四国参りをとても喜んだ肝心な夫は立ち上がらずに私が一人で周ることになった。

そんなお互いが七十一番で出会ったのだ。

山道をスイスイと歩かれる方で、私もつられたように足も軽く後に続いた。

七十二番曼荼羅寺、七十三番出釈迦寺、七十四番甲山寺と本当に気楽に歩かせてもらった。

藤井寺で出会った綿貫さんも同じ、歩きに達者な方と一緒だと充電されているのが分かる。

それだけにお二人には負担をかけていたと思う。

谷川さんは、

「お互い様だよ、四国は拝み合えるところだね。そして拝み合えるということが大切なんだよ」

と教えてくれる。

この言葉は帰ってから日が経つにつれ味わい深くなってくる。

『仏に向かっているから同行二人なのか、同行二人だから仏が居るのか』

と現実を見つめる。

七十五番善通寺に私も宿を申し込み、頑張って歩いた。

札所、札所で夫人の写真を立てかけて、しっかり読経された彼の部屋から、

「着いたよー」

と見えないものに語りかける声が聞こえた。私は袋に納めたお杖のお大師様にお茶をお供えして、ここまでの無事を感謝した、合掌。

後で、谷川さんは、

「明日の予定はこうなっているんだけれど石綿さんはどうされますか」

と聞かれた。

「僕のスケジュールは変えられないので、石綿さんは乗り物に乗るか、途中まで一緒に行くか、予定の宿が決まっているかなんだけれど」

私はこの方をお大師様と思ったのだから歩くつもりで、それでも、

「初めは歩いて、無理なら乗ります」

と答えた。

十二月一日　日曜日（二十八日目）
早朝の勤行を終え、朝食を済ませて出立。
ここで北九州市八幡の、生まれ故郷の方達に会った。
言葉が懐かしくてすぐに分かった。父の里のこともよく知っている方だった。

お互い別れ難いと言いながら、それぞれに進んだ。

また姑によく似ている羅漢さんを見つけて、ここで待っていてくれたのだと涙が溢れた。谷川さんもこの二つを共に喜んで下さった。

これまでの人生で、「泣いている間はない」と泣かなかった代わりに、いつの間にか私の涙は嬉し泣きのものと決めていた通り、有り難いと泣き、感謝しては泣き、お四国ではどれだけ嬉し泣きしたことか知れない。

そう言えば祖母がそうだった。泣いて喜んでいた。同じように……。


七十六番札所金倉寺でお経を唱える時、谷川さんの亡き夫人に『頑張って！』と励まされた気がした。歩きながら、

『奥様、ご主人に先達をお願いして歩かせて頂きます。私はこれだけのものを担って辿り着かなければなりません。宜しくお頼み致します』

と祈った。

七十七番札所の道隆寺を打って、夫人も応援して下さっていると感じた。

有り難い、本当に有り難かった。

七十八番札所郷照寺で、庭園を案内してもらった。

そこへ真っ白の鳩が一羽池のほとりに飛んできた。私は本当にそう思った。

「見て！　見て！　あれは谷川さんの奥様ですよ、キットそうですヨ」

と言って、それは綺麗な鳩、しばらく飛んで行くまで眺めていた。

お寺を出て歩いている内に、お数珠を持っていないことに気がついた。谷川さんが走って取りに行って下さる。納経所に忘れていたらしい。

お世話をかけてしまった。

途中、急にあついおうどんが食べたくなった。冷えてきたと思い、谷川さんが美味しいうどん屋を尋ねて下さる。

うどん亭道楽というお店を教わり、しっぽくうどんで温まった。

お店の方におみかんを御接待頂く。

ここで昨日、初雪の雲辺寺が四国新聞の記事になり、谷川さんがこれに載っている私の名前を見つけた。

七十九番高照院から八十番札所国分寺に向かっては風が強く、その時は夢中で歩いたけれど日も落ちて来て谷川さんが居なくては不安だったと思う。

国分寺は境内がとても広く立派なものだった。ゆっくりしたい所だったが、よく歩いたので早く宿に着きたくなった。

体も冷えたのでソコソコにして宿に向かった。

お陰さまでこの日は十時間かけて二十八・七キロ歩けた。合掌。


『亡き妻の　菩提弔う　秋遍路』

『秋晴れて　お礼参りは　夫の無事』

『秋風に　急ぐ遍路や　二人連れ』

『秋風や　姑に似たる　羅漢さん』

十二月二日　月曜日（二十九日目）

七時に出立。改めて国分寺に行きお参りを済ます。

八十一番札所白峰寺《しらみねじ》へはへんろころがしの坂道を登る。

私がしっかり担いでいる見えないものを、谷川さんが荷負って下さっていたのではないかと思う。それほどにスイスイ歩けた。

本当はかなりきつい坂道だったが、お陰でつらいとは感じなかった。

六・七キロ歩いて白峰寺に着く。

ここ白峰寺は印象に残るお寺だった。

報われぬまま崩御された崇徳上皇の御陵がある。ここで私もしっかり詣でた。

上皇を慕って、はるばる尋ねてきた西行法師が詠んだ句碑もある。

又五七五を詠んでみる。


『白峰寺　落ち葉踏みつつ　法のこえ』

『何故にゆく　霧寒き中　遍路道』

『経を読み　札を打ちゆく　秋の山』
『落ち葉踏み　法を越えゆく　遍路かな』

それから再び四・六キロの山道を歩いて八十二番札所根香寺《ねごろじ》に向かう。
この遍路道は谷川さんのお気に入りの道だと言う。
私にとっても歩き良い道だった。そしてここ根香寺も心に残るお寺だった。
香西寺への道を下る途中みかん畑を通り、一袋大盛で分けて頂く。
香西寺へ行きたかった彼は、私の疲れを心配していた。
丁度そこへ車が止まってお接待を頂くことになった。
彼は今日の宿の『幸荘＝みゆき荘』さんまで届けて下さるように、宿のある所を地図で
繰り返し説明していた。
この方は、
「確かに間違いなく届けます」
とキッパリ言われた。
それはいかにも責任感の強そうな、男らしい方だった。
それを聞いて谷川さんも安心したように香西寺へ向かって行った。
婦人も親切な方で、道を通る人に尋ねながら運んで下さる。
そして宿に無事届けて下さった、合掌。

谷川さんには綿貫さんの事をよく話していたので、思ったよりも早く彼が、

「綿貫さん着いてるー」

と元気に入って来た時はエッと思ったり、ホッとしたりで可笑しかった。

思わず『石綿』と『綿貫さん』を間違えたようだ。

先ほどの方が谷川さんが無事着いたかを電話で問い合わせて下さる。

ご心配頂いてとても有り難かった。にもかかわらず、お礼を言わず、私は入浴に急いだ。今もって心残りである。

ちょうど私も綿貫さんのことを「どうしているかナ」と思っていたので、彼が綿貫さんの名前を口にした時、彼女もまた私のことを気にかけて下さっているのだと思い、急に懐かしくなった。

それは彼女がちょうど東京に帰り着いた日だった。

綿貫さんは十一月三十日を打ち止めにしたという。

私が彼に出会ったのが十一月三十日で同じ日だ。何とお大師様が綿貫さんから谷川さんへ乗り移ったのだ。

結願の後、帰宅して判った。

彼女は防寒の用意が不足していたので寒さに耐えられず、諦めて打ち止めにしたと聞かされた。

「ワァー石綿さんがそれから先を貫いてくれたんだねェ」

と涙声で喜んでくれた。
宿は最高だった。至れり尽せりでしっかり充電された、合掌。

十二月三日　火曜日（三十日目）晴
幸荘を七時三十分に出立。
八十三番の一宮寺まで八・五キロ歩く。
八十四番屋島寺に着く前に、途中で受けたお接待で讃岐うどんを頂く。
とても美味しかった。しっかり腹ごしらえも出来たので、いざ屋島寺へ。
道幅もあり歩き易いのに、息が切れた。
やはり二十キロ以上歩いてからの登りはきつい。
それでも何かしら歓びを感じながら登った。
谷川さんには先に行ってもらって、休み休み登った。
参拝後、見晴台の方に行った。
なんという絶景……。瀬戸内海に浮かぶ島々が一望に見える。
夕方になって冷えてきたので甘酒を飲んで一服した。
それからまた二・三キロの道を歩いて宿へ着いた。
谷川さんのお陰で今日は二十四・五キロ歩けた。合掌。

十二月四日　水曜日（三十一日目）晴

高松でも有名な讃岐うどんのお店『山田屋』さんの開店の時間（十時）に合わせるため宿を八時に出る。

それでも早いので源平の古戦場を見たり、四国遍路の父『真念さんの墓』が州崎寺にあるので、そこにも寄ってお参りした。

江戸時代の僧で二十数度に及ぶ遍路をして後、案内記を作った人である。

谷川さんもお線香を上げてしっかり拝んでいた。

やがて『山田うどん店』に着く。

第八十五番　八栗寺

素敵なお店で美味しいうどん。開店したばかりで私達が一番だった。

実は、私がよく歩いたので、とても美味しいうどんの店があるから、そこまで頑張ったら「僕がお接待する」と言っていたのだった。

先達を勤めて頂いたのだから、それはこちらのセリフと思いながらも、

「有り難うございます」

と言った。谷川さんよりのお接待にて恐

縮。

八十五番八栗寺も結構登りは長く、ケーブルカーもあったが、お陰であまり苦労を感じないうちに歩き通すことが出来た。また感謝。

ここも残り惜しい発ちがたいお寺で紅葉がとても素敵だった。

八十六番志度寺、ここではもう暮れに向かって仏具の磨きを始めていた。その中に入れてもらってお参りさせて頂いた。

ここに伝説の海女のお墓がある。

龍王から宝珠を奪って逃げるのに、乳房を切って血を嫌う龍に浴びせた。この海女さんのお墓参りをした時、何か霊気なるものを強く感じた。

この日は二十キロ強歩いて日暮れに宿に着いた。

八十七番長尾寺のまん前にあった。可愛くて、さばけたおかみさんは女優の乙羽信子に似ていた。また会いたい人の一人である。

いろいろと心づくしのお接待を頂く。翌朝、昨夜より降り続く雨の中を出かけるので心配して下さる、合掌。

往きて生きる（人生遍路その二）

私は託された処を生きることが自分の人生だと思っている。

父は『往きて生きる』事を往生としたと知る。

大いなるものへの積極性、その活かし方に於て、お大師様の姿勢を観つめる。

そして親への思慕と生身の苦悩に立ち上がっても、立ち上がってもへなってしまう。

山頭火の姿も観つめる。

こうとしか生きようのない人生を思うと可哀想になって（任せてー、そこは私がやってみる）と言いたくなる。

山頭火の句の中にある「鉄鉢の中にも霰」は玄界灘に臨む松原の作と知った時、フィリピンで戦死した父を思った。久留米部隊より戦地へ赴く為、門司港に向かう車中から、

「これを拾った人は荒生田の萬屋へ知らせて下さい」

と書いて八幡駅のホームに父の投げた煙草の空き箱を偶然、知り合いの人が拾って届けて下さったという。

最後の最後まで自分の消息を家族に知らせようとした、惜別の思いを乗せた船が玄界灘を離れて行った。

検閲する立場になってから、母に宛てた手紙に、

「先日のバターン戦争は壮絶なものであった。口にも語れない書くにも書けない、昔の言葉に血の河、屍の山とある……」

という内容のものがあった。

私は父の三十三回忌で母から見せられたこの手紙により、生き方の姿勢がはっきりし

た。

「今こそ、子供は国の宝ということを痛切に思う。子供を逞しく育ててくれ、体育に知育に、徳育に……」そして「恋しければ父ちゃんと呼べ、いつもお前達を見守っているぞ……」

と書いた手紙にとても励まされ、意を強くした。

平和な時代は女の戦いの時と聞いた事がある。どんな敵からも子供を守り育てるのが、女の戦いだと思った。

バターン戦争で父は死ななかった。何故だ－。

そうか、この有り様を母国に伝える使命があったのだ。一枚の紙、一本の筆に託した何十万の英霊の思い。

これを読んだ私は究極の時、いつもこの手紙を思い出す。

（こうしてはおれない）と動きだし（生きよ！　生きてくれ）と異国の地に果てた綿津見の声に奮い立った。

まさに（生きよ！）との大日如来の悲願に思えた。

私の役は只、先を見誤ることのないよう、常に人生の先達に教えを乞うた。

どこまで子供達を育てられるかに、鎬《しのぎ》を削っても守り抜けたとは言えない現状である。

それでも力及ばなくなった今、お陰でここまで命を燃やすことが出来た子供達への感謝と満足感がある。

多くの英霊が父に繋がる「生きてくれ！」の叫びに私は生かされたと思っている。大いなるものに応えるべく現実を工夫していると、その中に大いなるものを観い出すことが出来る。

貴いものを仰ぎ、山頭火をバネにし、父の思いに励まされて、

「子供は国の宝、逞しく育ててくれ！」

と託された処を私は今も生きている。南無大師遍照金剛。

三十二日目の結願

十二月五日　木曜日（三十二日目）雨
八十七番長尾寺の参拝を済ませていよいよ最後の大窪寺に向かって歩き始める。

歩いて、歩いて、歩いて、歩いて。

谷川さんは時間を読みながら進む。私は時々きつくなると（奥様、ご主人に一休みするように伝えて頂けませんか）とお願いする。

と間もなく、

「あのお堂で一休みして何か食べよう、補給しておこうョ」

ということになるので、びっくりする、又合掌。

大分近づいて、逆打ちの青年に会った。バスの待合い所のような所で雨宿りしていた。

おやつを少々渡す。

もっとあげれば良かったと心残りに思った。すると谷川さんが、

「これもやれば良かったんだけどサァ、僕も食べたいからさ」

と言ったのが可笑しかった。

『法を越え　歩く遍路に　秋の雨』

谷川さんに出会って、二日、三日と経つうちに亡き夫人も私を応援して下さっている気がして、ご夫婦で支えて下さっていると思うようになった。

お四国遍路三回目の実力もさることながら、やはり谷川さんの慈悲にお供させて頂いたと思う。谷川さんが何となくゆっくり歩き出した。そして三回目の彼が後ろの方から、

「石綿さん何か見えてこない？」

と言った。

「エェ？　あー少しお寺らしいものがァ……。オオクボ、アッ大窪寺じゃない！　嘘みたい……」

とすぐには実感にならなかった。

私に自分の目で大窪寺を発見させたかったようだ。

ただ、本当に八十八番に着いたのだろうかと思うばかりで、八十八番札所と書いてあ

る。本当なんだ、嘘じゃないと言いながら……。

私はまだ八十八番大窪寺に辿り着いたという喜びが実感にならなかった。

鐘を撞き、何はともあれ本堂と大師堂へ参拝した。

朝から降り続けた雨も着く頃には止んでカッパも脱いでいた。

大窪寺に着いたところへ、雲が割れて弱いながら陽がさし込んだ。

何とも言えない光だった。

いかにも「お目出とう」と天界からの合図のように……。

大師堂を拝んで後、納経所に行って記帳をすませ、結願証を頼んで書いてもらった。

納経所のおじさんが、

「歩きで通したのか」

と問われる。

「とても無理でした」

と言ったら、通したのなら「徒歩」と書き込んであげようと思ったとのことで、ちょっと残念。

今日は十五・六キロ（四里近く）歩けた。お陰で雨の中も風情があった。

記念のお土産に手拭いを二十枚求める。門前のお店で大福をお接待享ける。

家にお土産を買い、宿のおかみさんは、その荷物を送って下さる。そして赤飯が用意されていた。有り難い。大役を果たした気分になった。

十二月六日　金曜日（三十三日目）

昨日宿に着いて間もなく、小冊子の編集者に取材された。ＮＨＫ取材班の方達と同じようにおっとりして控え目なこの方に見送られてお礼参りに出立。

やはりお礼参りは気分も楽だった。先達の谷川さんに教わったように空缶等を拾いながら気持ちばかりでも山を綺麗にするつもりになれた。

拾ってみて分かった。本当にこんなに捨てるものなのかと思うほど沢山あった。以前、きれいな町づくりと題して西宮市の市製ポスターに、『こわさない、汚さない、散らさない』と書いてある標語を思い出した。

こんな霊山でもこれなのかと、やはり心掛ける事の大切さを痛感した。

本当に谷川さんの言葉通り動いて良かった。

暫く歩いてマイカーの方に頼んで下さる。分かれ道で降ろして頂き歩いていると、最早、後ろから谷川さんの姿が見えて吃驚した。

暫く同行頂き、間もなく軽トラックの方に頼んで下さる。自分ばかり車で悪いみたいと思いつつお願いした。

切幡寺にて結願の歓び

谷川さんが頼んで下さった車の方は切幡寺の前まで運んで下さる。

とても有り難く感謝だった。
一ヵ月ぶりの懐かしさで、お礼参りに勇んだ。
長くはないが勾配のきつい階段になる。
そのあたりに一人の男性が立っていた。近づいて行くと涙が込み上げてくる。
それは嗚咽となった。
「結願出来たのですヨ、そのお礼参りに来たのー」
と訴えるようにして泣いた。
その方には聞き取れなかったようだ。急に泣いて近づく私に当惑したかと思う。
「ここまで来たら、感動して突然涙が出て、しかたがないのー」
と言った。
すぐに判ったようで労わるように、
「そう、ああそう、良かった良かった」
と喜んで下さった。
この方はもう一人の自分なのかも知れない。
自分を十番札所に留めて。もう一人の私は八十八番まで巡って仏の慈悲を求めた。
そしてその功徳を頂いて帰って来た。
待っていた自分は神仏から遠ざかり、忘れられたように徳が消えそうになっていた。
一ヵ月ほどのお四国遍路であっても、この魂は結婚後三十六年の長い歳月を待った。

待つ方もよく耐えて、巡る方も命がけだった。

この方に会った途端、堰を切ったように涙が溢れた。

「よくぞ待っていた」「よくぞ辿り着いた」

と仏の慈悲を分かち合ったそんな気がする。

ここに来るまで何人もの人に出会っている。それがここに来て初めて結願の感無量がほとばしり出た。

歓喜が引き出せたのは、この方と出会ったことが引き金になったのだ。

私の嬉し泣きは、切幡寺で頂点に達した。

『南無大師遍照金剛』

自分の魂の供養が出来たように思う、そしていま私の中はもう一人の自分と一つになっている、合掌。

切幡寺から法輪寺まで三・八キロ歩ける。

お礼参りの法輪寺にて

あれから一ヵ月後、言われた通りに結願出来た事を一刻も早く報告したくて、ほとんど小走りで辿り着いた法輪寺。

行きにお接待して下さった茶店のおばちゃんが元気そうにまた迎えてくれて嬉しかっ

た。前と同じように、

「入って、入って、寒い、寒い。早よォ」

と呼びこんでくれる。

「お陰で結願出来たんですよー、一刻も早く報告したくて走って、走って！」

「お目出とう。そう良かったなぁ、早うおいも食べてお茶もお代わりし」

とたくさんの草餅を前に置いて下さる。

おいもも、草餅もパクパク頬ばる。お茶は五杯もお代わりして頂き、なんという満足感だったことか。

「八十八番全部周るヨ」と言い当てて力を付けて下さった方は、たいへんな修験者だと聞かされた。

ここでも私はとても貴重な体験をさせて頂いた。

本当は草餅の代金を払いたくないのではない。

「いらないよ、お接待やから」

と言って下さるおばちゃんの好意は丸ごと頂きたかった。「願わくばこの功徳をもって……仏道を成ぜん」為に。

それこそが、共に仏を賛美する事だと思う。

にも拘らず、定まらない姿勢なのか御代を置いて立った。

「お元気で」と別れ際に見たおばちゃんの顔は未だに忘れられない。

（シマッター）愚かな事をしてしまったと須崎の池田さんに好意を無にした心残りを聞かせて頂いたにもかかわらず、私も又悔いを残した。

お礼参り二日目は一三・三キロ歩けた。

八番札所熊谷寺まで二・四キロ歩く。ここから七番十楽寺まで門前で又車に拾って頂く。十楽寺から六番安楽寺まで一キロメートル歩く。

この辺りだったたか、定かではないが遠くに参道が見えてきた。誰かがリックサックを置いてある、その辺には誰も居ない。

だが、どのような人が荷負っていたのか、私には見えるのである。二十四番札所の時と同じように。感無量だった。二時四十分着。

本堂とお大師堂を参拝終えた頃、谷川さんも元気に着いた。

十二月七日　土曜日（三十四日目）

立派に一万回のご真言はくり遂げたので谷川さんは御住職に達成報告が出来たと喜ばれた。七時五十五分出立。

五番地蔵寺まで五・三キロ歩く。ここは真黄色に銀杏の葉が散り敷かれて、とても綺麗な境内だった。

逆打ちのマイカーで犬を連れた御夫婦の方に頼んで下さり、法輪寺の茶店よりのお餅を四人で頂く。後は又四番、三番、二番、一番とお陰で午前中に安着。

おとなしい犬を見て息子が飼っていた犬のミラーを思い出した。

本当に楽に進めて頂いた大阪の松岡茂さん御夫妻に感謝。

初めに霊山寺を出立の折、ここの方に課題を出されていたので、これに応えられる様に、言葉の整理をしながら辿り着いた。

無事結願報告の参拝を済ませて、約束通り、益井さんが待って下さっていた。

私の体験報告を聞いて、

「自分が歩いて来たような気がする」

よかったよかったと喜ばれた。私もホッとして、嬉しかった。

この方に報告を終えて間もなく、谷川さんが辿り着いて二人の写真を撮して下さった。

その後益井さんも巡拝に出られた旨、お電話にて知らされる、合掌。

お大師様をぶっ叩きたくなった

だんだんに最後まで見届けなければと思い出したらしい谷川さんが「和歌山に健康ランドがあるんだヨ、前に行ってみたんだけど温泉が一杯あって、その代わり大部屋で寝るんだけどサ、そんなのどう？　その代わり千五百円で安いんだ。いろんな温泉があるんだよ」と教えて下さる。私は二つ返事で、

「いいですヨ」

「雑魚寝だけど」

「構いません」

ともうここまで来れた安心感で、どこでも良かった。一度くらい自分で予約申し込みしようと思った。ずっとその手配もして頂いたのだから、

「私が電話で聞いてみます」

と勇んだ。

「良いかなあー」

と谷川さんの様子は遠慮しがちに見えた。

問い合わせてみると、個室もあるらしい。

「着いてから部屋を見てどちらにするか決めます」

と言うと、

「それでは個室が一杯の時もあるので、今申し込んでおく方が良いですヨ」

と言われて、取り敢えず予約した。

小松島から船で和歌山に渡り、帰りの安楽寺でお会いした方と乗り合わせた。

この方は車で巡っておられた。元気そうで弁えている感じの男性だった。

船の中で夕陽を拝んで、心静かにお四国を後にした。

和歌山港から南海電車でＪＲ和歌山駅に出る。ここからタクシーでそのユートピアに向

かった。真ん前で降りて、

「……アレー……」

と（こんなの……）自分の思っているのと違うと思いながら、運転手に、

「遍路の格好をしてこんな所に来る人いるかしら」

と言うと、

「たまにいますヨ」

とのこと。（まあ良いか）と入って行った。

（こんなのだー）とキョロキョロして案内された。

私の方が少し奥の方で、「ここです」と言われて部屋に入った。

二組の蒲団が敷かれていた。（何これ）とすぐに両方共折り畳んだ。

続いて谷川さんが「石綿さん、明日のことだけどサ」

とやってきた。顔を見た途端、指さして、

「お蒲団二ッ敷いてあったワ」

と言った。

「ウン、僕の部屋もだー」

何かムシャクシャしだした。

分別に限界が来て煩悩が出てしまった。早速、明日の予定について話して下さるけれど、もうどうでも良かった。

途中で用意した食べ物をぱくついて気を紛らしながら、言葉は耳に入らない。谷川さんはただ「こんな所があるヨ」と言っただけなので、自分が積極的に申し込んだのだから、ぶっつけようがないのが苦しかった。

ふくれているようだと見られたのか、

「ここは家族部屋だから蒲団を敷いていたんじゃない。そうだよ、前はこんな部屋なかったんだヨ」

となだめられた。（知らなかったようだなァ）と思ったら、彼も気の毒になる。それでも肚わたが煮えくり返っていた。

彼は適当に話してご自分の部屋に帰って行った。

何だかこれまでの事が白けてしまった。私はそれがとても情けなかった。あれだけの道程を無事に通って来たのに、あと一息の所に来て何ということ。不愉快でしかたがない。だんだんやばちが大それた方に向かって行く。

誰かのせいにしたかった。たとえ我儘と言われても、力一杯矛先を向けた。お大師様をぶっ叩きたくなった。（ちゃんと計らってなかったからだー）と一遍にお大師様がダーイ嫌いになった。

明日の予定は高野山へお礼参り、もう（誰が行くか、バカー）と肚の虫はお大師様に向かって噛みついた。真っ直ぐに向いているつもりだったから、当て外れが起きると夫に噛みつくと同じように、仏であれ、大師であれ食って掛かる。

「おかしいではないか」

と、いったい何処に油断があったのだろうと考えた。

少し思い当たる節がある。（あれかも知れない）と。

自分が目的からずれた箇所を思ってみた。

夫の無事定年退職のお礼参りが目的だったのに、七十一番札所で彼に出会ってより、男と女の分別を欠いてついて歩いた。

すでに煩悩が出たのはここからだったのかも知れない。

「最後まで歩き通したい」とそちらに目的が変わっていたのだ。

自分の連れ合いより、現実の同行に力を入れ替えていた。不謹慎。

そういうことになるのだろうか。

少し落ち着いてきた。でもまた、じわじわと面白くないものが沸いてきて、

（それくらいのこと良いじゃない）ともうはぶてた。

（しかも、こんな所は気が利き過ぎて間が抜けてるワー）

（私とあまり変わらないじゃないか）とお大師様を自分の位置まで引き下ろした。

仕方がないから、気を変えてお風呂に行った。

聞いた通りにいろんな種類のお風呂があった。とても良い気持ちで、たっぷりつかってきた。それでも明日のお礼参りには行く気がしない。

「やめる」と言えば「どおして！」と説得されそう。

谷川さんの亡き御奥様へこれまでもしてきたように（一人で歩きたくなりました。ここまで御連れ頂いたので、後は一人で進めます。ご主人にお暇まして宜しいでしょうか）と相談した。

（そうなさい）と応えてもらったように思えた。良かったー。

ホッとして床についた。それでも（本当にもうー）とブッブツ思いながら……。

四時過ぎに起きてしっかり置き手紙を書き、ここまで無事に運んで下さった道中、どれほどの配慮をして頂いたか知れない。その誠実さに対し申しわけなくて「弘法大師が嫌いになったから私はお礼参りに行きません、一人でいらして下さい」とは言えなかった。それゆえ部屋の前をそっと通り抜け、フロントに頼んでお先に失礼した、合掌。

高野山までの道のりは

十二月八日　日曜日（三十五日目）

六時前には出立。

三キロくらいの距離をサッサと歩き、朝の冷気に打たれて気持ちをスッキリさせたい。歩いて、歩いて和歌山駅に向かった。

バス停があった。（どうしよう）と立ち止まった。

一人の方が、

「駅までまだあるから乗れば」

と言ってくれる。もう一人の方は、

「願かけて歩いているといけないから勧めない方が良いヨ」

と遮った。

「歩きます」

と言って、またスタスタと歩き出した。

だいぶ歩いたつもりで、売店に品物を配っている若者に、

「駅まであとどれくらいありますか？」

と尋ねた。とても爽やかな朝のような青年だった。

「あと二キロぐらいあるヨ、歩いて行くの、これから高野山？」

と聞かれた。何の躊躇もなく、自然に、

「そうー」

と言った。不思議な力を持った青年だ。お陰で簡単に目的は高野山と決まった。

あれほどムシャクシャしていたのに、それまで駅に向かって只歩いていたのが気持ちと身体は一つになった。

「橋本まで行ってそこからケーブルがあるから。なにを隠そう僕はその橋本から働きにこの和歌山に来ているんだァー」

と楽しそうに聞かせてくれる。人なつっこい若者だった。

「気いつけてー」

「有り難う」

とお礼を述べて歩き出した。どのくらい歩いた頃だったか後ろから来た車が私の前に止まって中から、

「乗って！」

とさっきの青年が車の扉を開けた。

「弁当は配達してしまったし、もう仕事も済んだから駅まで運んであげる」

と明るい声で呼ばれ乗せてもらった。

澄み切った青空のような若者としばらく同座できることがとても有り難かった。

白けていた気持ちは満たされて、車内での楽しい会話ですっかり元気になった。

昨夜からの気分はどこへやらで、この方は青年大師だと思った。

駅の真ん前まで送って下さる。

お札を渡していつまでも見えなくなるまで息子を思い出しながら見送った。

切符を買って駅員に聞いた通りの電車に乗る。

中は空いていた。何となくポツーンとなって、（一人なんだー）と思った。

ところが電車は折り返しの電車で和歌山駅に戻って来た。

またホームに出る。（どうしてだろう）と思い、傍に居た男性に尋ねた。

「この電車は間違え易いんだ、よく人が間違えて乗る。これから僕も高野山に行くんで

す。もっと先まで行くので」

と言われ、またすぐに道連れが出来た。

車中この方の人生体験から――。

以前、手術に八時間を要するほどの大病をして、その時（今度だけは助ける）とお大師様の夢見せがあり、救われたこと。

勤めていた一流銀行をやめて、店を持ちたい夢を実現する為頑張った末に、

「その間、何が辛かったと言って、一番辛かったのは両親に預かってもらった子供と別れる時がね、後ろ髪引かれる思いだったですヨ。

これはもう本当にたまらなかったなあ。だから一日も早く一緒に暮らせるように女房と頑張ってねェ、人から鬼と言われるほどでした。

それが軌道に乗ったところで善しとすれば良かったんだけど、勢いがついて更にもう一店舗と欲が出ましてね、これが悪かったんですね。身体には自信があったんだけど倒れました。無理になっていたんですね」

と、お大師様に助けられたこと、そのいきさつを聞かせて下さる。

いろいろ伺ってやはり、あの青年やこの方に出会う必要があって一足先に出たのだと思った。

現実の家に近づいたので、お四国遍路という別世界から戻る準備に入っていたのかも知れない。

帰宅後、娘に話すと、

「家族を愛している人だからお大師様は助けたんだね。大事な処はそこね、自分の夢ばかり追っている人ならそれで終わりだったかも知れないね」

と感想をのべた。


電車が入って来た。乗ると自然に右手の方に進んだ。何とそこに谷川さんが乗っていた。お大師様をこっちから見切った様に走り出して着いてみると、又その懐に飛び込んでいた。私は吹き出してしまい、電車の中で笑い転げた。

家族への貴いお話が聞かされて後、谷川さんに再会した。

いつのまにか気分も直っていて、橋本は雪が少し積もっていた。

極楽橋からケーブルで高野山に登った。山の上は雪も止んでいたが、寒くて縮んでしまった。

この方はもっと先の方まで行かれるので、奥の院に向かう私達とはバスの乗り場が違う。貴重な体験を聞かせて頂いた事、道中御一緒させて頂いたお礼にお札を渡して御別れした、合掌。

息子に見せた信仰の姿（人生遍路その三）

以前やってもやっても答えが出なくて嗔りを感じた時、リン叩きを仏壇めがけて叩きつけたことがある。

どうせえというのかと仏に向かって、

「何してる、どこ見ている！」

とどなった。毎日私と二人でお経を上げている三男坊の前で。

息子は黙って手を合わせて座っていた。

フト我に返って（シマッター、子供の前でやらなければ良かった）と後悔した。

これからここに来て手を合わせなくなるだろうかと心配になった。

この三男坊が小学校三年の時、関西から夫の里である東京に帰ってきた。

その立場なのでお墓を守り、仏事を引き継ぐ任務が始まった。

お寺の行事にはこの子を連れて行き、一緒に教わって習慣にした。

親の具合の悪い時は、その頃から代役を果たしてもらった。

少年野球のチームに入っていたので、土曜日の時は昼休みにユニフォームのままお寺に行って親の代わりにお昼のお膳に直ってもらった。

二人で一緒に始めたお経を毎日上げていると、始めは経文を読むだけだったのが、半年続いてみると、ある日突然子供の読経に節がついている。

私のそれと違う独自の節まわしが何ともいえないメロディになっていた。

我が子の節に聞きほれながら、しみじみ貴いものを感じた。

この子が五つくらいの時、高野山に家族で参った夏休み、その時の宿坊での読経があまりにも素晴らしく全身を耳にして聞き入ったことを思い出す。里は浄土真宗、我が家は日蓮宗であるが。


こうして先祖からの信仰を引き継ぎ、次の世代に渡して行くことに精を出していても、日々の中、迷いもあり、若さゆえの力が神も仏もあるかーと、この様にやけになることもあった。

次の日、気にしながらもローソクを上げ、お線香を立てる。

やはりいつもの様に息子も私の後で手を合わせて座っていた。

仏壇に向かう私の内なるものは、後ろの息子に合掌していた、嬉しくて。

お経を覚えてもらってからは、息子に正座へ座ってもらい、私が息子の後ろに座ることにした。

人との関わりにおいて喧嘩はしても、真実の関係でいたいから時によって思いきり正直な気持ちをぶっつけてきた。

それは神仏に対しても同じであった。これが私の生き方であり、こうでなければ私は本当の救いに辿りつけない。この姿勢が私の信仰の姿である。

息子が中学生になると部活だと言い、高校生になると受験だと言って、外向きに力が入って行き、なかなか家庭のリズムが守りにくくなった。

善根宿の都築さんが「子供は親の心を慕う」とおっしゃるように、

「家族に示す貴方の誠意は何か聞かせて」

と言うと、

「お墓参りはやはり大事なことだと思うので、これを真面目にやって家族の為に祈ることを僕の誠意とする」

と応えた。そして、

「僕は生まれて来たことが感謝だ」

と言う息子に育っていた。

私にとってこれが一番の歓びである。子供に自分の裏も表も見られて育った。

それでも一番大切なものを求めていたから、一番大切なことを気づいてくれたと私はこの子に合掌。

高野山奥の院

谷川さんのひざまづいて読経される姿に純粋なものを感じた。

納経所が混んでいたので私のために空いている所を探して下さる。

寒いのに申し訳ないと思いながら待って頂く。やっと終えて茶店に入る。

お礼参りの高野山ではテレビに写った私を見て、

「励まされた」

と声を掛けて下さった山下千恵子さんは二人のお連れの方と共に、お大師様から頂いた花束のような出会いだった、合掌。

そして帰宅後、私を追いかけるように『手束妙絹』さんの御本を御貸し下さるため送付くだされた。

『佐藤孝子』さんのご本は芝山善和さんが手配して下さった。芝山さんからは紀行文を書く様に勧められていたけれど、私は積極的ではなかった。

それが、お二人の本を読ませて頂いて同じ箇所でも感じるものがそれぞれ違うのが面白くて、自分が書くと、どの様なものになるのだろうか、と思ったことがきっかけになった。これは出会った方々の慈悲が書かせた作品の様な気がする。

谷川さんは大圓院まで送って下さり、

「大きなお寺だね、ここに泊まるのなら安心したョ。良かったネ」

と見届けられた。

このまま新幹線で帰られるものと思い、車中で召し上がって頂くように奥の院名物のお餅をお渡しする。気持ちばかりのものなのに恐縮されて何度もお礼を言われた。

自然な出会いとすみやかな運びで、私をここまで届けて下さった。そして去って行かれるお四国の風のように……。

十日ほども先達を勤めて下さった方なのに、お礼も出来ずに呆気ないお別れだった。合掌。

空になれた時（人生遍路その四）

二十七、八の頃、叔母に教えられて般若心経に御縁を頂いた。

それから十五年経って、ある日（どォせえと言うのか！）と匙を投げる思いになり、自分なりに『空』を実践するだけしたにもかかわらず、『こだわらない、かたよらない、とらわれない』というわけにはいかず、いったい何に『こだわり、かたより、とらわれ』て重たいのかを考えてみた。

すると夫であり、子供であり、親であり、兄弟であり、友人・隣人と縁やゆかりのある人達のことである。

自分にこだわるものは何も無い、只、我が人生に触れ合う、切っても切れない人達との出来事である。（ならば一人山に籠って仙人になるか）と己れに問うてみた。

これらの人達を捨てなければ『空』になれないのか、だがそれもおかしいと思った。

（それなら「空」にはなれないゾー）と自分を追い込んだ。

（ウーン）と「空」に拘った十五年分唸った。

人間には懲りたにもかかわらず、善いことにも多く恵まれて、そうとうの難儀にも負けないくらい幸せも味わってきた。

やはり（仙人にはならないワ）と譬え火宅であっても、この巷が良いと決まった。

考えに考えた末、はっきり『空』にはなれないと断念した。

途端に囚われが消えて、自分が宇宙に透け込んだ。『空』になったのだ。

続いて迷いに牙をむく不動明王が私の中へ座った様にデーンとなった。時はすでに四十を越えていた。

大圓院にて

院で一番に迎えて下さった方は、羅漢さんのような若いお坊さんだった。

話をしているので、出たり入ったりしながら私が入って来るのを待っていてくれた。

このお坊さんと会った途端、なぜかホッとした。

ここに相応しい方だと思った。部屋に案内して下さったのは別の利発そうな方だった。

後ほどお茶とお菓子を運んで来たのは初めのお坊様で、丁寧で控え目にお風呂と食事の時間と場所の説明を済ませて、

「お床は食事に行かれている間にここへ延べさせて頂きますので」

とおっしゃる。もったいない気がして、

「お蒲団ぐらい自分で敷くからいいですよ」

と言葉を返すと、

「そうですか」ではなく、

「いいえ、これはですね、私共の勤めでございますから敷かせて頂きますので」

と十七、八の若者のそれとは思えない間と言葉使いに貴いものを感じた。

「今、修行中なの？」

と尋ねると、

「はい」

と答えて「高校生です」と言う。自分は六ヵ月で生まれてしまった未熟児だったとのこと。

「それでもお陰様で生かして頂いておりますので、仏様の御加護と思ってですね、お仕えする身になりましたのです」

とゆっくり語る。

その間の長閑なこと！

「そうは言っても経文を覚えたり、修業は大変でしょう」と伺うと、

「はい、でも仏様のことは前から好きでしたからですね」

と聞かせて下さる。

話を聞いているとこちらも気持ちが落ち着いてきて、嬉しくさえなる。

お言葉に甘えて床をお願いすることにした。

御多忙の中を出迎えて下さった古梶御坊へ後に和歌山の宿での問題点を問うてみた。「修行中の身なのにそんな所に泊まるのが間違っている」「努力しても宿が見つけられずやむなくと言うのなら別、初めからそんな所を宿にと考えるべきではない」と諭された。宿賃千五百円に引かれた浅ましさを苦く噛みしめ小さくなって南無大師遍照金剛とザンゲ。

十二月九日　月曜日（三十六日目）

次の朝、勤行で六時より本堂に行くと、昨日のお坊様も居てそれはそれは長い読経が続いた。

そのお坊様は一番奥の端に座っておいでだったけれど、最も仏様に近いお方（仏様に真正面に向いており、途中に邪魔のない方）とお見受けした。

未来に光を感じ、お大師様に頂いたご褒美のような出会いだった。又、「阪神大震災にあった友人、知人のお見舞いが出来なかったので気になっていたけれど、やっと今行ける気がするの。ここまで来たから西宮に寄って帰りたいと思う」と古梶御坊へ伝えた。

「あーそうー」

と夕飯のお接待を頂きながら聞いてもらった。翌日山から下りて、京都の大覚寺へお連れ頂き感激だった。それでも帰りぎわ、

「お写経も納めて総仕上げ出来たのだから、一刻も早く帰ってご主人に納経帳を渡す方が良いヨ、お見舞いはまたの機会にして」

と教えられた。

そうすることにして夜行のバスにしようと思い、家に電話を入れる。

「えェ、夜行にするのー」

と言われた。

結局、御住職の言われた通り、京都から新幹線七時四十分発に乗って帰京。娘と息子が待っていてくれた。寝ていた主人も起きてきて、

「お帰り」

と無事を喜んだ。

自分としては戦いから幸運にして無事帰還したそんな心境だった。

方々に報告を入れると大かたの人から、

「代わりに行ってもらった気がする。有り難う」

とお礼を言われた。

「どのような気分でいる？」

と問われたので、

「魂は既にあの世に行って仏様の所にいるって感じヨ、だから生きているのは私ではないと言うか、これはいったい誰？　という風なのヨ」

この友人にしばらくして会った時、

「貴方の話を聞いて私まであやかれたのヨ」

と聞かされた。

「逐一、主人のすることに小言ばかり言ってたんだけど、小さなことに思えて気にならなくなったの」

と嬉しい感想を聞かせてもらった。

なんという功徳。母のため、白装束に札所《ふだしょ》、札所の印を押して頂き、六つほど押せなかった残りを、続いて歩かせて頂いた娘が完成させて母に渡せた。

お互い裏切り合い、案じ合った六十年。

「前世はあんたが私の親だったんやろうね」

と言い（本当にもうー）と思いつつ、この親で良かったと感謝している。私は只、不本意なところはあっても期待に応えるべく歩き続ける。

八十五歳の母はしばらくして、

「これを貰ってから本当に安心している」

と言ってくれた。私も安心した。

有り難い親孝行が出来たと思う、合掌。

あれから六ヵ月まだ終わらない

五月二十七日の晴天に江の島へ行った。

一月ほど前に江の島に行きたいとフト思った。なぜかと思っているうちに、鎌倉に行って日蓮上人のお寺参りをしたいとまた思った。

神仏はこちらが思った時、その時から待って居られると聞いた。

あまりお待たせすると、またいつの日かと機会はなかなか回ってこないという。

駅で江の島方面のパンフレットを貰って電車の中で見ていると、鎌倉の安国寺が目に止まった。安国寺から先に行こうと思った。暫くすると、

「後ろ四両目まで江の島行きです」

と車内放送された。何両目に乗っているか分からない。

移動するのが面倒だと思いながら、鎌倉から行くつもりだったけれど、

「この車両の行く所からで良いわ」

と気が変わった。そのうち、またパンフレットの中に江の島のすぐ近くに在る龍口寺を見つけた。良かった！

本当は一番行きたかった所なので有り難い。

藤沢で降りて江の電に乗り換えた。お寺は江の島駅からすぐの所にあった。

日蓮上人の大きな銅像に合掌。（来たか！）とばかり迎えて下さった。またパンフレットを見ていると江の島大師とある。

お大師様も居られるのだ。足を延ばして御参りしようと思い、江の島神社に詣でて三社を巡った。御みくじを引いてみる。

『旅は急ぐな』と出ていた。ケーブルには乗らずにテクテク歩いた。

江の島大師は御本尊がお不動様だった。お参りを済ませて帰る筈だった。そのまま渡し船に乗るつもりで下に降りて行った。

行くか、行かないかと決まらないまま、この足が当たり前のように岩屋口へ向かった。中に入って暫くは特に関心もなく歩いて、少し中に入るとローソクを渡された。

先のほうに何人か歩いていた。

暫く進むと二股になっていて、どっちから進んでみようかと立ち止まった。瞬間、舎心山でのへんろ道の二股を思い出した。その時と同じように左へ進んだ。

右の奥から、「どうして両方共行き止まりなの？」とか、「こんな所一人じゃ来れないわネ」と言う声が聞こえた。

「えッ？」（気味悪い所がありそう）

と一人なので少し躊躇した。その気持ちを無視したように足は進む。

あの声が聞こえている距離に居ようと思って歩いていると、後ろからまた人が入って来たらしく、すぐ後に足音が近づいて来たようでホッとした。

三メートルくらい前まで行ってローソクをかざして見ると、お社の扉があって当然行き止まりだった。

明かりは小さなローソクの灯でやっと見えるほどの暗闇。

私がローソクをかざして見る間、後ろの人は動く気配もない。

瞬間、ゾッとして振り向いた。誰もいない。「精神一統何事か有らざらんや」

社に向かって何度も（神仏が私を見守って下さっている）と祈り、次に（神仏が私の中に入って下さった）と全身全霊で祈った。

徐々に自然体になっていった。この行き止まりの巌窟の中で短いローソクが半分くらいになって私の手元を照らしている。二、三歩社に近づくと、またさっきの足音がした。

それはなんと背中のリックに入っているライターと線香の入った箱が動く音だった。

（もォー）さっきまでしていた声はもうずっと先に行ってしまって聞こえない。

二股の所まで戻って、半分以下になったローソクをかざして右側の奥にも入って行った。本当に一人だった。

それなのに心臓の強いこの足は、更に中へ入って行く。

まもなく左手に並べられている石仏が見えた。すぐ前に薄明りの小さな灯に照らされているお大師様が座っておいでだった。

「ワァーお大師様だ」

急ぎお賽銭を上げて合掌する。こんな暗がりの中でやって来る者を待っておいでになる。

「有り難うございます」

と、そして少し前に進むと、やはり右手に前より大きめのお大師様がまた待って下さっていた。本当に待っていて下さったと思った。

正面の奥には三つ四つのお社が納められている。

何かここまで入って来れたことがとても有り難くお賽銭を投げて祈った。

目をつぶって気を感じてみた。ところがそこに夫の魂が居るではないか。

闇の中で夫はこのような所に居るのだと思った。自然に出てくる祈りは（この暗闇に居るものの怯えを取り除き、安らぎを与えて下さい）という言葉になった。

幾度も、幾度も夫の為に祈った。祈りながら自分自身が安らいで行った。

歩き出してローソクが消えない内に外に出ようと思い、私に繋がっている霊に向かって離れないように光に向かって行くから、しっかり掴まっていなさいよと声を掛けながら足元に気を付けた。

残り少ないローソクになり、少し急いで出口に向かった。またさっきの人達の声が聞こえて来た。そしてまもなく空と海が目の前に広がった。

全身にその光を浴びた時、前に居た方が「ワァー何とこの光の有り難いこと、本当に光を受けるって嬉しいわネー」と言って、私の心も一緒に表わしてくれた。私はそうね、そうねとそればかり言っていた。洞窟の中から出てくる時に思った。

この無明の中に私達は生きているのだ、そして小さなローソクほどの灯を頼りに出口を探すのだと。

灯ったローソクを持っているのは私、ならば何が私の灯なのだろう。

夫の為に祈る言葉は、自分も含めて全ての人に当てはまると思った。

洞窟の中で祈った時、自分は一心一向に（仏助け給え）と祈るための衆生として、生まれて来た、とそんな気がした。

やっと辿り着いた。そしてつかんだ。

私というローソクが一途に救いを求める姿、これが灯なのだと、合掌。

紀行文内々のこと

紀行文を書き始めてから、本が恋人の夫からくどいくらいに出る質問に、関所と思って書き直す。ここを通らないと先に進むまいと思った。

また、受験の時に孤独を味わったという息子と同じものを味わうまで頑張ってくると出かけたお四国なので、息子に文体を詰問されるとへんころころがしだと思って祈りながら書いた。

その間、二度も三度も『お遍路に出ている』気分になった。

だんだんに夫は誤字や文法のあたりしか手を入れなくなった。

まもなく息子も「慣れてきたね」と言い、夫は子供に任せれば良いと安心した様子だった。

書き進めるうちに、娘から、

「歩く部分は読者も一緒に歩くのだから、ここで終わっては必死に歩いたつもりの読者がガクッとする。読む方を納得させて」

と言われた。

私の人生の方が面白いと思えることが一つと、読み始めると一頁も読まずに寝てしまうので本を十年に一冊も読めば良い方の私は、

「ヘェー、そんなこと。なるほど」

と、書くことも責任がいるのだと教わった。

私はこれを読まれた方の『希望につながる』ように書きたいと思ってはいたが、それは甘いという気がしてきた。

順を追って書く事を勧められているのに、初めに三十八番での事が書けて、次に七子峠が書けてというふうに順打ちに書けなかった。

四十四番札所の句碑も、切幡寺にて……の一つ前にやっと書けた。

私が山頭火を書きたくなったのは、そのお人形に出会ってからだ。

頭の中では「楽しみは後で」という感じだった。

いよいよ書くとき、これは自分と子供達のために書くような気がした。

最終的には三、四行ほど娘の検閲に引っかかった。

いつもと違ってヒントを言わない。私は、

「もうこれ以上書けない」

と言った。

「お母さんの中に言葉はつかんでいる筈だから、どうでも引き出して」

と譲らない。

「私の中に言葉は用意されていると信じるの」

と聞くと、

「うん」

と答える。

「今は限界だけど、私とあつこの目標は同じだと信じている。だったら、お互いの限界だから今度は仏様のご加護を頂きましょう。貴方は仏様の所で祈ってちょうだい。私は鉛筆を持って帳面に向かっているから」

と頼んだ。

「そうねー」

と言ってすぐ仏間へ行った。

私も次いで引っかかった箇所を読み返した。出す言葉はもうなかった。

削る言葉もない。三十分ほど掛かって、ひょっと行を並べ替えてみた。

すると、文が落ちついて、書けたと思った。

「出来た！」

急ぎ娘のところに持って行き、読んで聞かせた。

「アァ出来たね、全部書き出せたワ、それで整ったネー」

と……。娘は、

「良かった。私の祈りがこんなに早く聞き届けられるなんてー」

と声が晴れた。私は、

「貴方の祈りは聞き届けられるネ」

と喜び、娘は、

「ただ一途に仏様に縋れることこそ救いへの近道だと判ったワ」

と言った。

長い年月求めた『救い』。振り払っても、振り払っても私を掴んで放さなかった娘、幾度、

「私に向かうんじゃない、仏に向かいなさい。仏と直結しなさい」

と言い続けて今日ただ今、母親のために祈ったことで祈りの力に気付かせて頂いた。仏様が近くなったようだ。

一度、娘を「しんどい」と思ったことがある。

自分だけの感性で書いた方が良いかナァと思ったとき、山頭火に向かって祈った。

「自分だけの考えで良いでしょうか」

と。すると、

「生きているではないか、生きているではないか」

と聞こえた。

そうか生きている内にしか出来ないことをせよと仰せなのだと解釈して、また組み直した。そのお陰で書き出せたのだ。

私は山頭火の供養にもなったような気がした。

山頭火様に引かれたように、続いて切幡寺が書けた。

そして子供たち一人ひとりへの慚愧の念に涙溢れた。

娘に許しを乞う。不可抗力だった、母親の立場をとっくに許してくれていた。

連帯責任をよく理解した。

お陰でその原因となる私の母親は解ろうともしなかった罪と、夫の無信心の罪の許しのために祈る事が出来た。娘に、

「親の心をここまで解いてくれたのだから、最高の親孝行をしてもらったのだワ、有り難う」

と言い、娘は安心したように、

「私だけじゃないヨ、姉弟みんなお母さんの心の平安を願っているのだから良かったネ」

と言った。

私は身体が軽くなり、柔らかくなった。

ちょうど母の日の贈り物が長男からも次女からも届いた、合掌。

お四国を周って気がついたこと

柔和な人に会った時、その奥にある悲しみに合掌。

卑しい表現をする人と居る時は、その奥にある仏心に合掌。

どんな人間にも手を合わせる事が出来る自分になれる様に願っているが、なかなか……。

それからお四国参りをして帰国後の姿。

それは現実に変化が起こるのではない。

内なるものに変化が起こるのである。対処の仕方が違って来る。

今までやってきた事を変えるのではない。

これまでの事を完成に向かって力が込められる。

御心による動きになってくるという事、その変化である。

お四国遍路の旅を現実に活かす方法を娘と一緒に考えてみる。

それは、実生活から離れてこの身を巡礼の旅に置き、帰国後は普く存在する仏に出会って、一人ひとりの魂に札を打ちつつ、心の遍路をする。

いずれの難行苦行にも花も咲き、実も成るように仏道を成ぜん事であると共鳴した。

またその功徳は、慈悲に気づかせて頂き、委ねる力を注がれ、真理に於て言動する事に力が入る。

あとがきにかえて

道中テキパキと先達（道案内）を勤めて下さった谷川さんが、紀行文の後半に来て、

「お大師様をぶっ叩きたくなった」

の下書きを読まれた。そして、怒り心頭に発したのである。

「とんでもない女だ！　僕は石綿さんを弘法大師に預かった大切な観音様だと思って、同行二人したんだよッ、それなのに何てことだッ！　許せないッ！　弘法大師をこんなに踏み付けにして!!」

（そんな事言ったって――）

と、怒声を浴びて時が止まった私に、今度は悲しそうな声になった谷川さんは、

「それなら、僕を怒ってくれたら良かった」

こちらは何を怒り出したのかと、同じようにムッとして来た。が、最後の一言にガツンとやられたのである。谷川さんの憤怒と哀れみを一度に叩き付けられた。本当に純粋で優しいお方だ。谷川さんの怒りよりも、私はその優しさを噛み締めた。

又、四十四番札所大宝寺の近くで、お接待頂いた日野さんにも伝えた。

「今度はお大師様をぶっ叩く、と書きました」

するとと、谷川さんと同じように、

「何ッ！　お大師様をぶっ叩くなんざあ、けしからん！　噛みついてやるッ!!」

と、激怒された。既に送った後だったので、

「着いたら、読んでみて下さい」

と、お願いした。いつもなら読み次第すぐに感想を下さるのに、もう着いている筈、読まれた筈と、指折り数えて待ちに待った。

待ち切れなくなって私の方から、電話を入れた。そして神妙に感想を伺った。日野さんは暫く黙していた。が、開口一番、

「お大師さんが、喜んでいるだろうなァと思った」

目つぶしをくらったような、予想外の感想を頂いた。続いて、

「わしは、毎日お寺に行ってお遍路さんを見ている。お遍路さんの為に心経（般若心経）を唱えて見送るんや。それでも、わしの心をお大師さんには分かってもらえんかなァ、と思いながらトボトボ帰るんだ。

石綿さんは、本当にお大師さんを信じて歩いた人やから、信じ切った人にしか言えん事やなァ」

狐につままれた気分になった私は、

「本当ですかッ！」

これまで、怒りっぽいと言われてきた。だが、その怒りはお大師さまを喜ばせる事になったのかと思うと、感無量になるのだった。

又、耶馬渓の宮司さんより、

「弘法大師をぶっ叩く、これがあるからこの本をより力づけているんですよ」

との御感想にも畏れ入った。他にも五十人ほどに頂いた感想で印象に残ったところは、『捨身山での懺悔』と『お大師様をぶっ叩きたくなった』の二か所が競り合った。

そして、『お大師様をぶっ叩きたくなった』の方がわずかな差ではあるが、頭が出たのである。これには書いた自分も吃驚した。

この紀行文が出版されて、届いた感想文には目を見張ることが続いた。
・阪神大震災後、疲労困憊で絶望の時に読み、自殺を思いとどまる事が出来ました。
・どう考えても分からなかった自分の人生を、この本で答えを見つけた。「無」になる事なのね。
・夫への不満が小さなことに思えた。
・同じ感性になれるだろうかと思って、丸ごとこの本を写し取った。
等々過分な御言葉を頂戴して、舞い上がった私である。

又、こんな事もあった。同期会の帰り、銀座の大通りに出た所に、辻占いの娘さんが居た。

これからの注意事項を見てもらった。八十八ヶ所結願してきた事を伝えると、
「これからは、一ヶ寺一ヶ寺札を打つように、出会った縁を大事にして下さい」
と教えられて有り難かった。

終わるにあたって

仏の慈悲に生かされて結願できたこの功徳は、今までがどんなに下手な生き方であっても「許されている」と気付かせて頂いたこと、只、有り難い。又托鉢出来た喩えようのない歓びは、書くほどにはっきりして来た。そして家を守った者も巡拝に出た者も無事に帰ってこれたことを喜び、その恵みに浴することが出来た。お陰で夫に納経帳を渡せた。

二ヵ月あまり後には私をしっかり支えた娘も喜んでお四国へ出立。三十番まで打たせて頂き、本当に有り難かった。一年後綿貫さんもめでたく結願。

この御縁につながる先より良縁を頂き、結婚した娘夫婦はお礼参りに行った。母と従姉も共に、区切打ちに続いた。友人の瀬戸栄子さんは御姉妹で巡拝し結願された。

きっかけを作ってくれた息子は、頑張って奨学資金を受けられる様になった。

「大学に行かせてあげると言ったのに悪かったね」と言うと、

「お母さんが四国遍路に行ってお金が活かせたから良いョ」と応える息子に合掌。遠くに居る子供達の祈りも感じる。傍に居る子供が離れている姉弟の分まで代弁し代行している

と思う。

先人の残した建造物を修理して、各地を周っている長男は、テレビの画面に出て来た母親を見て、(こうまでも子供のことを思っているのか言葉はいらない)と思ったと言う。

この紀行文を書き終えたところへ里から母がやって来た。私と暮らしたいらしい。これまで「スジを通して……」と言い続けた私はもう「好きにすれば……」と言い、母が私に縋ってきたと思った。叔母の言葉通り〝思うようにならない有り難さに感謝〟とここに力を込めた。あらゆることを活かそうとするこれが、〝往きて生きる〟のだと思う。そして縋って来る者こそ私の宝と決めた。ところが間もなく現実は母が私を助けに来ていたことが分かった。

これからの私は、〝今があるだけ〟のお諭しを忘れずに、〝こんにち只今の心を一大事〟として一日一日を送っていこうと思っている。

一番に出会った綿貫素子さんを初め、谷川一良さん、文章が出来る毎にワープロを打ち又打ち直して下さった、芝山善和さん、この度の御縁につながる方、出会った方々に深く感謝し厚くお礼申し上げます。紀行文にも長らくおつき合い頂きました出版社の方々、お読み下さった方々、誠に有り難うございました。

総じてここまで運んで頂きました、御神仏とお大師様に、感謝。

著者プロフィール

石綿 美代子（いしわた みよこ）

昭和13年1月25日　北九州市八幡東区に生まれる
昭和19年　大分県中津市に疎開
昭和25年　中津市立南部小学校卒業
昭和28年　中津市立城南中学校卒業
昭和31年　大分県立中津北高校卒業
昭和35年　結婚　2女3男の母　専業主婦
平成10年　「法を越えてゆく」近代文芸社、初版
令和2年　「一条の光」

地図、カバー作成協力：㈱ タマプリント

法《のり》を越えてゆく

2022年1月15日　初版第1刷発行
2023年11月5日　初版第2刷発行

著　者　石綿 美代子
発行者　瓜谷 綱延
発行所　株式会社文芸社
〒160-0022　東京都新宿区新宿1－10－1
電話　03-5369-3060（代表）
03-5369-2299（販売）

印　刷　株式会社文芸社
製本所　株式会社MOTOMURA

ISBN978-4-286-23269-0　　JASRAC　出2108893－101